*Mit Novalis durch das Jahr*

# Mit Novalis durch das Jahr

*Herausgegeben von*
*Florian Roder*

*Mit zwölf Tondi von*
*Doris A. Hecht*

*Verlag Freies Geistesleben*

1. Auflage 2000

Verlag Freies Geistesleben
Landhausstraße 82
70190 Stuttgart
Internet: www.geistesleben.com

ISBN 3-7725-1933-4


Schutzumschlag: Thomas Neuerer unter Verwendung eines Bildes
von Christian von Grumbkow
Druck: Offizin Chr. Scheufele, Stuttgart

# Inhalt

# Einführung

## *Novalis' Denkweise*

Zweihundert Jahre ist es her, dass Friedrich von Hardenberg, der sich als Dichter *Novalis* nannte, in jungen Jahren starb. Seither, kann man sagen, ist sein Werk im Entstehen. Das gilt zunächst auf der äußerlich-dokumentarischen Ebene. Erst seit den sechziger Jahren des 20. Jahrhunderts liegt eine kritisch gesicherte Ausgabe vor, die es erlaubt, den Gesamtzusammenhang seines Denkens und Schaffens zu überblicken. Noch immer sind Einzelheiten zur Berufstätigkeit oder zu gewissen philosophischen Studien nicht veröffentlicht. Das Unabgeschlossene des Werks gilt erst recht auf der Ebene des Verstehens und des gedanklichen Umgangs. Nach und nach hat sich in den letzten Jahrzehnten das Bild einer Persönlichkeit herausgeschält, die in zahlreichen Gebieten – in Wissenschaft und Technik, Philosophie und Poesie – auf der Höhe der damaligen Entwicklung stand und, mit schöpferischer Ideenkraft in ungewöhnlichem Grade begabt, vielfach neue, umwälzende Gesichtspunkte einbringen konnte. Deutlich wurde auch, dass solche Gesichtspunkte nicht vereinzelte geniaIische Einfälle sind. Sie entspringen einem einheitlichen Quellgrund, der dem Werk trotz seines fragmentarischen Charakters eine innere Stimmigkeit verleiht.

Die Verdienste der wissenschaftlichen Forschung um die Aufdeckung von Werk- und Zeitbezügen sind unbestreitbar. Man kann dennoch den Eindruck bekommen, dass eine wesentliche Schicht fehlt – vergleichbar einer technisch ausgefeilten Landkarte, die alle Einzelheiten akkurat nachzeichnet und doch nur den Schattenriss der lebendig-anschaulichen Landschaft bietet. Hermann Hesse, ein Geistesverwandter der Romantiker, der sich Novalis wegen dessen innerer Wahrhaftigkeit im Schreiben zum Vorbild nahm, ahnte etwas davon, als er von dem «wunderlichsten und geheimnisvollsten Werk» sprach, «das die deutsche Geistesgeschichte kennt.»[1] Worin besteht dieses Geheimnis? Es besteht darin, dass Novalis zu einer *Verwandlung des Bewusstseins* Anregungen geben will. Er äußert nicht allein neuartige Ideen – einer neuen *Denkart* will er zur Geburt verhelfen und, untrennbar damit verbunden, neuen Empfindungs- und Willensweisen.

Novalis ist sich solcher Absicht voll bewusst. Bewusst auch als Künstler der Sprache. In seinen Fragmenten sucht er den Gedanken so auszudrücken, dass er für den Leser die Möglichkeit bietet, jene neue Art des Denkens selber zu erproben. «Texte zum Denken» nennt er sie einmal, wobei man verdeutlichend vor «Denken» das Eigenschaftswort «tätig» setzen müsste.[2] *Selbsttätigkeit*, aus innerster Freiheit geboren, bildet den Kern seines magischen Ansatzes. Selbsttätigkeit ist ich-geführte, geis-

1 Novalis. Dokumente seines Lebens und Sterbens, hrsg. von Hermann Hesse, Berlin 1925, S. 163

2 IV, 271

tig-seelische Magie. Fruchtbar kann sie nur sein, wenn sie methodisch erübt wird. Der «Keim» zu dem magischen Menschen, führt Novalis aus, bedarf nie nachlassender, «sorgfältiger Pflege». Die Reflexion – der gewöhnliche Verstand – muss sich zu «lebendiger Reflexion» steigern. Auf diesem Weg reift eine geistig-seelische «Organisation», ein Lebensgebilde höherer Ordnung, allmählich im Menschen heran. In der Folge eröffnet sich der Zugang zu dem verborgenen geistigen Universum.[3] Mit diesem Ziel einer Entwicklung des Denkens selber steht Novalis einmalig und einsam da in der Geistesgeschichte der Goethezeit. Bei anderen Denkern, bei Goethe und Fichte etwa, finden sich Ansätze in der Richtung. Aber nirgends sind sie in konsequenter Weise durchgeführt. Erst Rudolf Steiner hat im 20. Jahrhundert die von Novalis angedeutete Methodenlehre zur Ausbildung des höheren Ich in umfänglicher Art beschrieben.

Wir begreifen jetzt, warum Novalis seine Fragmente «Senker» nennen, warum er sie als «Bruchstücke des fortlaufenden Selbstgespräches in mir» bezeichnen konnte.[4] *Senker* sind schöpferische Ergebnisse der eigenen Versenkung, der meditativen Besinnung auf eine bestimmte Sache. Sie können, vom Leser in derselben aktiven Stimmung nachvollziehend aufgenommen, in diesem wiederum Senker werden – fortzeugende, produktive Gedanken. In dem Begriff schwingt zugleich die Lebenssphäre mit. Ein «Senker» ist im Wein- und Gartenbau der Ableger einer

3 II, 525f. (13)
4 IV, 242

Pflanze, der in der Erde Wurzeln schlägt und aus sich eine neue, vollständige Pflanze hervortreibt. So kann der Gedankensenker, selbständig angeeignet, zum Seelentrieb werden. Er entzaubert neues, höheres Leben aus dem Wurzelgrund des Gemütes.

Und warum «Selbstgespräch»? Novalis denkt nicht an den inneren Dialog, wie ihn das Tagesbewusstsein häufig mit sich führt. Das wäre die Ebene der gewöhnlichen Reflexion. Er denkt an ein *inspiriertes Gespräch* zwischen irdischem und geistigem Selbst: «Es dünkt dem Menschen, als sei er in einem Gespräch begriffen, und irgend ein unbekanntes, geistiges Wesen veranlasse ihn auf eine wunderbare Weise zur Entwicklung der evidentesten Gedanken. Dieses Wesen muss ein höheres Wesen sein, weil es sich mit ihm auf eine Art in Beziehung setzt, die keinem an Erscheinungen gebundenen Wesen möglich ist. Es muss ein homogenes Wesen sein, weil es ihn wie ein geistiges Wesen behandelt und ihn zur seltensten Selbsttätigkeit auffordert. Dieses Ich höherer Art verhält sich zum Menschen, wie der Mensch zur Natur, oder wie der Weise zum Kinde. Der Mensch sehnt sich ihm gleich zu werden.» Der Schreiber weiß, dass dieses Ziel nur auf einem konsequenten Entwicklungsweg zu geistiger Erweckung zu erreichen ist. Für den an der Außenseite haftenden Blick bleibt es unerfindlich: «Dartun lässt sich dieses Faktum nicht. Jeder muss es selbst erfahren. Es ist ein Faktum höherer Art, das nur der höhere Mensch antreffen wird. Die Menschen sollen aber streben, es in sich zu veranlassen.» Hier erst gelangt die Philosophie zu ihrem eigentlichen Ziel – dem einer geistigen Verwandlungskunst des Menschen: «Philosophieren ist eine Selbstbesprechung obiger Art – eine eigentliche Selbstoffenbarung – Erregung des wirklichen Ich durch das idealische Ich.»[5]

In solch weit ausgreifender Perspektive sind Novalis' Äußerungen zu nehmen. Sie möchten nicht vom Verstand oder der Empfindung bloß gespiegelt sein. Sie wollen innerlich ergriffen werden. Dann vermögen sie ihre Keimkräfte zu entfalten. Im Zusammenhang damit stehen stilistische Merkmale, mit denen der Sprachkünstler arbeitet. Er ist kein Autor, der viel erklärt. Die Sätze kommen meist stoßartig verkürzt, nicht selten paradox zugespitzt. Sie besitzen eine durchsichtige Klarheit, als könne es nicht anders sein; und sie bleiben doch verdeckt wie hinter einem unsichtbaren Schleier. Die «rhetorische Gewalt des Behauptens» wird nur bedrängend sein, wenn sie mit Macht- und Autoritätsanspruch verquickt auftritt. Spielt sie im Element der Freiheit, ist sie angemessene Ausdrucksweise. Sie gibt Mitteilungen aus jenem Bereich geistiger Evidenz, in dem Zweifel und rationales Argumentieren ihr Recht verloren haben: «Man muss nicht ungewiss [...] schreiben [...], sondern bestimmt, klar, fest, mit apodiktischen, stillschweigenden Voraussetzungen. Ein festbestimmter Mensch macht eben auch einen wohltätigen und entscheidenden und bleibenden Ausdruck.» Und: «Entscheidend sprechen und schreiben – befehlend kategorisch – das ist der höchste Grad.»[6]

So ist Novalis' Gedanken- und Sprachwelt schwierig,

5 II, 528f. (21/22); vgl. auch die Aufzeichnung zum 18. Oktober.

6 III, 269 (153); 410 (734); 346 (484)

anspruchsvoll und überaus vielschichtig – und zugleich leicht, gleichsam schwebend und von einer fast kindhaften Unmittelbarkeit. Schwierig ist sie und anstrengend, weil sie nichts weniger fordert als die ständige Versetzung an jenen Grenzort des Bewusstseins, an dem die nächtlich-geistige Sphäre des höheren Ich aufzuglimmen beginnt. Leicht ist sie, weil Novalis die Stimmung zu vermitteln weiß, als sei dies das Allernatürlichste von der Welt. Denn: «Nichts ist dem Geist erreichbarer, als das Unendliche.»[7] Es gibt Menschen, die, ohne jene philosophischen Abgründe des Werkes zu kennen, gerade auf diesen Ton hören. Sie fühlen sich von seiner Sprache ins Herz getroffen. Und sie können etwas davon mit ihrem Leben verbinden.

## *Zu Auswahl und Anordnung*

Die vorliegende Auswahl bietet keinen «flurbereinigten» Novalis, wie es häufig mit klassischen Autoren versucht wird. Der damit verbundenen Problematik bin ich mir bewusst. Viele Begriffe bedürften eingehender Betrachtung, um ihre Bedeutungsfülle auszuloten. Im Text sind Erklärungen – in eckigen Klammern – nur eingefügt, wenn ein Wort nicht als bekannt vorausgesetzt werden darf oder damals einen anderen Gehalt besaß als heute. Wer sich über den tagtäglichen Umgang mit einem Frag-

7 II, 598 (335)

ment hinaus für Novalis' Gedankenwelt interessiert, sei auf weiterführende Literatur verwiesen, die am Schluss des Büchleins kurz besprochen wird.

Die Auswahl ist im Vertrauen auf die selbsterhellende und das Selbst in Bewegung bringende Sprachkraft des Novalis getroffen. Wer rätselfreudig ist, wer sich in «senkende» Seelenprozesse einlassen mag, dem wird mit der Zeit ungeheuer viel aufgehen können über die Weltsicht des Romantikers. Er wird sich in dessen Erkenntnisstil einfinden; wird zu einer anfänglichen Begegnung mit der dahinter wirksamen geistigen Gestalt selber kommen. Novalis kann einem zum liebevollen Begleiter des täglichen Arbeitens werden, ähnlich wie Goethe, vielleicht freundschaftlicher noch, unmittelbarer, persönlicher.

Unterstützt wird die Begleitung durch die Zusammenstellung der Fragmente. Sie bilden, wie der aufmerksame Leser bald bemerkt, oft über mehrere Tage oder Wochen thematische Bögen, deren Vorstellungen und Ideen wie eine Kette ineinandergreifen. Zu berücksichtigen ist ferner, dass nicht alle Äußerungen von gleicher künstlerischer Beschaffenheit sind. Nur ein Teil wurde ausgearbeiteten Fragmentsammlungen wie *Blütenstaub* oder *Glauben und Liebe* entnommen. Andere haben den Charakter von Notizen, die Novalis keinesfalls in dieser Form veröffentlicht hätte. Doch tragen sie den unverwechselbaren Zauberhauch seiner Persönlichkeit. Eine dritte Art von Äußerungen sind die dem poetischen Werk entnommenen. Wo es sich um die beiden Romane *Heinrich von Ofterdingen* und *Die Lehrlinge zu Sais* handelt, muss mitbedacht werden, dass es jeweils Glieder eines größeren künstlerischen Zusammenhangs sind, die ihren bestimmten, genau beschreibbaren Ort im Ganzen haben. Da Ähnliches letztlich für die Fragmentwelt gilt – immer kommt es bei Novalis auf aktive Verwebung in Bezügen an –, schien es mir erlaubt, einzelne Gedanken auch aus der Dichtung isoliert herauszustellen.

Für die Anordnung der Texte im Jahreskreislauf boten sich bestimmte Beobachtungen an. So war klar, dass die philosophisch geprägten Überlegungen, die den Ansatz einer magisch-idealistischen «Selbstdurchdringung» zum Gegenstand haben, nicht für den Hochsommer taugen. Dagegen sind sie passend im Herbst, wenn der Mensch die Kräfte der Selbsterkenntnis am intensivsten aufrufen kann. Ab Michaeli bis in den Spätherbst findet sich eine Reihe von Fragmenten zu dieser Fragestellung. Ebenso klar war, dass Bemerkungen zu Kunst und Poesie eher dem aufgehenden Jahr zuzuweisen sind. Sie sind in der Frühsommerzeit des Mai und Juni versammelt. Betrachtungen psychologisch-menschenkundlicher Art erscheinen im März und April. Davor, im Januar und Februar, sind Aussagen zum Alltagsleben eingefügt, zu jenem Bereich von Familie, Gesellschaft und Beruf, den Novalis keineswegs aus seinem Verwandlungsbemühen ausgegrenzt sehen wollte. Der Hochsommer setzt ein mit Fragmenten zur Stimme des Gewissens. Ihr hat der Dichter im *Heinrich von Ofterdingen* eine tiefsinnige Deutung angedeihen lassen. Von da aus geht es über Fragen nach der Geschichte zur Naturerkenntnis und zum Verhältnis von Einzelmensch, Menschheit und Welt. Novalis hat dieses Beziehungsgeflecht zusammengeschaut im Denkbild einer durchgehenden Entsprechung von Mikrokosmos und Makrokosmos – der «höchsten Idee für den Menschen» [8]. Im Spätherbst mit seiner zunehmenden Verdunkelung klingen zwei Themen an, denen er besondere Aufmerksamkeit geschenkt hat: die bewusste Brücke zu den Verstorbenen, durch aktive Glaubenskraft gebildet, und die Frage nach dem Grund des Übels und Bösen in der Welt.

«Wunderworte» – so könnte der Kalender als ganzes überschrieben sein. Die für die Weihnachtszeit versammelten Fragmente legen Zeugnis ab, dass damit ein wesentlicher Zug des Werkes erfasst ist. Die «Wunderwelt» meint bei Novalis nichts Abergläubisch-Abwegiges. Der Ausdruck deutet auf die verborgene und zugleich in allem Äußeren durchschimmernde Geistwelt.

Mit dem Stichwort «Weihnachten» sind wir bei den *Jahresfesten* angelangt. Novalis besaß ein zutiefst individuelles Verhältnis zum Christus-Ereignis. Das kann am Lebenslauf wie an der Dichtung abgelesen werden. Es lag daher auf der Hand, solche Zeitpunkte eigens herauszuheben. Das ist durch das poetische Element von Gedichten geschehen, die an den betreffenden Daten eingesetzt sind. In einem immerwährenden Kalendarium bereitet die Zuordnung der beweglichen Feste Kopfzerbrechen. Sie ist hier so gelöst, dass der Osterzeitpunkt aus dem Jubiläumsjahr 2001 zugrundegelegt wurde. In späteren Jahren kann man den Termin jeweils anpassen, indem man die um das Osterthema versammelten Fragmente entsprechend verschiebt.

8 II, 594 (310)

Angaben zum Leben des Dichters sind in das Kalendarium nur in einigen wenigen, bedeutsamen Fällen aufgenommen, vor allem im Hinblick auf Sophie von Kühn und auf Zeitgenossen wie Goethe und Schiller, die für Novalis' Entwicklung wesentliche Anreger waren. Der jeweilige Eintrag nimmt dann unmittelbar Bezug auf die genannte Person. Eine Überschau zu Novalis' Leben gibt die Zeittafel am Ende des Buches. Dort finden sich auch der Zitatnachweis und der Ausblick auf weiterführende Literatur.

München, den 28. Juli 2000 *Florian Roder*

# *Wunderworte*

# *Mit Novalis durch das Jahr*

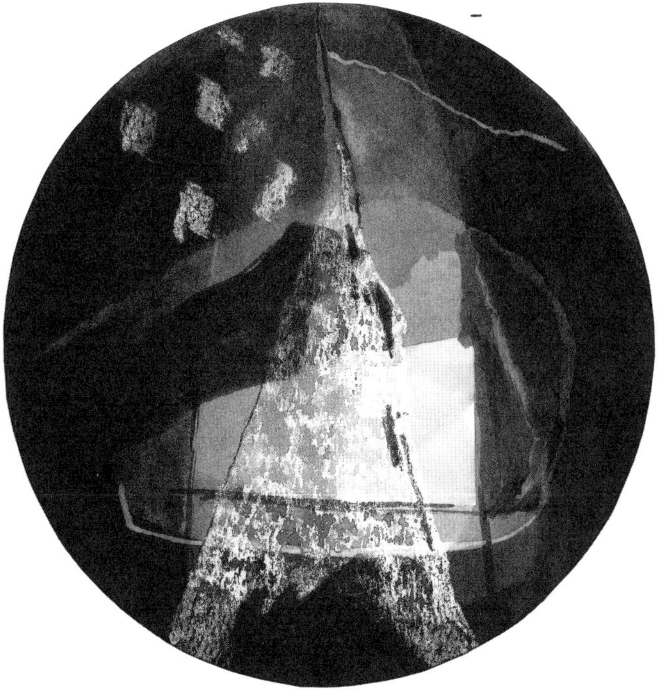

# *Januar*

## *1. Januar*

Verbindung der Wunder- und Naturwelt. Die Wunder sollen nach Regeln – die natürlichen Wirkungen ohne Regeln erfolgen. Wunder- und Naturwelt sollen Eins werden. [...] Regel = direktes Gesetz – Indirektes, (krummes) Gesetz = Unregel. III, 409 (730)

## *2. Januar*

Hang zum Wunderbaren und Geheimnisvollen ist nichts als Streben – nach unsinnlichem, geistigem Reiz. Geheimnisse sind Nahrungsmittel – inzitierende Potenzen [das Streben erregende Kraftanlagen]. Erklärungen sind verdaute Geheimnisse. III, 267 (138)

## *3. Januar*

Auch ich bin ungeschickter als die Anderen, und minder gern scheinen sich die Schätze der Natur von mir finden zu lassen. [...] Mich freuen die wunderlichen Haufen und Figuren in den Sälen, allein mir ist, als wären sie nur Bilder, Hüllen, Zierden, versammelt um ein göttlich Wunderbild, und dieses liegt mir immer im Gedanken. Sie such' ich nicht, in ihnen such' ich oft. *Die Lehrlinge zu Sais* I, 81

## *4. Januar*

Die Poesie muss nie der Hauptstoff, immer nur das Wunderbare sein. III, 640 (511)

## *5. Januar*

Wunderbarkeit der Mathematik. Sie ist ein schriftliches Instrument – was noch unendlicher Perfektion fähig ist. Ein Hauptbeweis der Sympathie und Identität der Natur und des Gemüts. III, 684 (659)

## *6. Januar*

Im Volk, das von allen verachtet zu früh reif und der seligen Unschuld der Jugend trotzig fremd geworden war, erschien mit niegesehenem Angesicht die neue Welt – In der Armut dichterischer Hütte – Ein Sohn der ersten Jungfrau und Mutter – Geheimnisvoller Umarmung unendliche Frucht. Des Morgenlands ahnende, blütenreiche Weisheit erkannte zuerst der neuen Zeit Beginn – Zu des Königs demütiger Wiege wies ihr ein Stern den Weg. In der weiten Zukunft Namen huldigten sie ihm mit Glanz und Duft, den höchsten Wundern der Natur.

*Hymnen an die Nacht*, I, 145

## *7. Januar*

Wunder, als widernatürliche Fakten, sind amathematisch – aber es gibt kein Wunder in diesem Sinne, und was man so nennt, ist gerade durch Mathematik begreiflich, denn der Mathematik ist nichts wunderbar. Echte Mathematik ist das eigentliche Element des Magiers. III, 593 (241)

*8. Januar*

In der Musik erscheint sie [die Mathematik] förmlich als Offenbarung – als schaffender Idealismus. [...] Aller Genuss ist musikalisch, mithin mathematisch. Das höchste Leben ist Mathematik. III, 593 (241)

*9. Januar*

Über die allgemeine Sprache der Musik: Der Geist wird frei, unbestimmt angeregt – das tut ihm so wohl – das dünkt ihm so bekannt, so vaterländisch – er ist auf diese kurzen Augenblicke in seiner indischen [geistigen] Heimat.
III, 283 (245)

*10. Januar*

Alles ist Samenkorn. II, 563 (188)

*11. Januar*

Alles Sichtbare haftet am Unsichtbaren – Das Hörbare am Unhörbaren – Das Fühlen am Unfühlbaren. Vielleicht das Denkbare am Undenkbaren. II, 650 (481)

*12. Januar*

Alle geistige Berührung gleicht der Berührung eines Zauberstabes. Alles kann zum Zauberwerkzeug werden. Wem aber die Wirkungen einer solchen Berührung so fabelhaft, wem die Wirkungen eines Zauberspruches so wunderbar vorkommen – der erinnere sich doch nur an die erste Berührung der Hand seiner Geliebten – an ihren ersten, bedeutenden Blick, wo der Zauberstab der abgebrochene Lichtstrahl ist, – an den ersten Kuss, an das erste Wort der Liebe – und frage sich, ob der Bann und Zauber dieser Momente nicht auch fabelhaft und wundersam, unauflöslich und ewig ist?

II, 565 (200)

*13. Januar*

Alle Berührung ist ein Anlass zur Erregung der einenden, systematisierenden Kraft – das ist der Weltseele – oder der Seele überhaupt. [...] Die Berührung selbst hat Grade und Größen – und Richtungen, das heißt Figuren. Unwirksame Berührungen sind keine Berührungen im strengeren Sinn – es sind nur scheinbare Berührungen. Nicht immer sind scheinbare und wirkliche Berührungen verbunden. Echte Berührungen sind wechselseitige Erregungen.

III, 341 (477)

*14. Januar*

Aber die Kunst des ruhigen Beschauens, der schöpferischen Weltbetrachtung ist schwer, unaufhörliches ernstes Nachdenken und strenge Nüchternheit fordert die Ausführung, und die Belohnung wird kein Beifall der mühescheuenden Zeitgenossen, sondern nur eine Freude des Wissens und Machens, eine innigere Berührung des Universums sein.

*Die Lehrlinge zu Sais*, I, 101

*15. Januar*

Unser Denken ist schlechterdings nur eine Galvanisation – eine Berührung des irdischen Geistes – der geistigen Atmosphäre – durch einen himmlischen, außerirdischen Geist. Alles Denken etc. ist also an sich schon eine Sympraxis [gemeinschaftliches Tun] im höheren Sinn.

III, 263 (124)

*16. Januar*

Das Bedürfnis eines Gegenstandes ist schon Resultat einer Berührung in distans [auf die Ferne]. III, 275 (201)

*17. Januar*

Ohne Trennung ist keine Verbindung. Berührung ist Trennung und Verbindung zugleich. III, 293 (295)

*18. Januar*

Aller Zufall ist wunderbar – Berührung eines höheren Wesens – ein Problemdatum [eine zu lösende Aufgabe] des tätig religiösen Sinns. III, 441 (901)

*19. Januar*

Soeben treten diese Ideen mit einer ungewohnten Wärme in mein Bewusstsein – ich fühle was ich sein könnte – aber Gott sieht, wie gebrechlich und schwach ich bin [...] Wenn solche lichtvolle Augenblicke vielleicht Berührungen meiner Sophie sind; ach! wann wird es ihr dann gefallen immer um mich zu sein. *Brief vom März 1797*, IV, 212

## 20. *Januar*

Heinrich war von Natur zum Dichter geboren. Mannigfaltige Zufälle schienen sich zu seiner Bildung zu vereinigen, und doch hatte nichts seine innere Regsamkeit gestört. Alles was er sah und hörte schien nur neue Riegel in ihm wegzuschieben, und neue Fenster ihm zu öffnen. Er sah die Welt in ihren großen und abwechselnden Verhältnissen vor sich liegen. Noch war sie aber stumm, und ihre Seele, das Gespräch, noch nicht erwacht. Schon nahte sich ein Dichter, ein liebliches Mädchen an der Hand, um durch Laute der Muttersprache und durch Berührung eines süßen zärtlichen Mundes, die blöden Lippen aufzuschließen, und den einfachen Akord in unendliche Melodien zu entfalten.

*Heinrich von Ofterdingen*, I, 267

## 21. *Januar*

Über die menschliche Unsterblichkeit en masse – Über das Leben und Denken en masse – Gemeinschaft – Pluralismus [Vielgestaltigkeit] ist unser innerstes Wesen – und vielleicht hat jeder Mensch einen eigentümlichen Anteil, an dem was ich denke und tue, und so ich an den Gedanken anderer Menschen. III, 571 (107)

## 22. *Januar*

Eine wahrhafte Liebe zu einer leblosen Sache ist wohl gedenkbar – auch zu Pflanzen, Tieren, zur Natur – ja zu sich selbst. Wenn der Mensch erst ein wahrhaft innerliches Du hat – so entsteht ein höchst geistiger und sinnlicher Umgang und die heftigste Leidenschaft ist möglich – Genie ist vielleicht nichts, als Resultat eines solchen inneren Plurals. Die Geheimnisse dieses Umgangs sind noch sehr unbeleuchtet. III, 577 (172)

## *23. Januar*

Die Gesellschaft ist nichts, als gemeinschaftliches Leben: eine unteilbare denkende und fühlende Person. Jeder Mensch ist eine kleine Gesellschaft.

*Blütenstaub*, II, 431 (44)

## *24. Januar*

Das Volk ist eine Idee. Wir sollen ein Volk werden. Ein vollkommener Mensch ist ein kleines Volk. Echte Popularität [Volkhaftigkeit im Sinne des inneren Plurals] ist das höchste Ziel des Menschen. *Blütenstaub*, II, 433 (49)

## *25. Januar*

Alles Vollendete spricht sich nicht allein – es spricht eine ganze (mit)verwandte Welt aus. Daher schwebt um das Vollendete jeder Art der Schleier der ewigen Jungfrau – den die leiseste Berührung in magischem Duft auflöst, der zum Wolkenwagen des Sehers wird. III, 410 (737)

## *26. Januar*

Ewige Jungfrau ist nichts, als ewiges weibliches Kind. Was entspricht der Jungfrau bei uns Männern? III, 281 (236)

*27. Januar*

Wenn Christus sagt, werdet, wie die Kinder, so meint er indeterminierte [unbestimmte, schöpferisch freie] Kinder – nicht verzogene, verweichlichte, süßliche – moderne Kinder. III, 560 (31)

*28. Januar*

Ein Kind ist eine sichtbar gewordene Liebe. III, 253 (79)

*29. Januar*

Jede Stufe der Bildung fängt mit der Kindheit an. Daher ist der am meisten gebildete, irdische Mensch dem Kinde so ähnlich. *Blütenstaub*, II, 433 (50)

*30. Januar*

Wo Kinder sind, da ist ein goldenes Zeitalter.
*Blütenstaub*, II, 457 (97)

*31. Januar*

Erziehung von Kindern, wie Bildung eines Lehrlings – nicht durch direkte Erziehung – sondern durch allmähliches Teilnehmenlassen an Beschäftigungen etc. der Erwachsenen.
III, 243 (16)

*Februar*

*1. Februar*

Jedes Geschäft muss künstlerisch behandelt werden, wenn es sicher und dauernd und durchaus zweckmäßig gelingen soll. II, 603 (363)

*2. Februar*

Ökonomie im weitesten Sinne begreift auch die Lebens-Ordnungslehre. Es ist die praktische Wissenschaft im Ganzen. Alles Praktische ist ökonomisch. II, 606 (382)

*3. Februar*

Auch Geschäftsarbeiten kann man poetisch behandeln. Es gehört ein tiefes poetisches Nachdenken dazu, um diese Verwandlung vorzunehmen. Die Alten haben dies herrlich verstanden. Wie poetisch beschreiben [sie] die Kräuter, Maschinen Häuser, Gerätschaften etc. III, 654 (579)

*4. Februar*

Kann es einen schönen Bergbau geben? II, 543 (96)

*5. Februar*

Jahreszeiten, Tageszeiten, Leben und Schicksale sind alle merkwürdig genug, durchaus rhythmisch, metrisch, taktmäßig. In allen Handwerken und Künsten, allen Maschinen, den organischen Körpern, unseren täglichen Verrichtungen, überall Rhythmus, Metrum, Taktschlag, Melodie. Alles, was wir mit einer gewissen Fertigkeit tun, machen wir unvermerkt rhythmisch; Rhythmus findet sich überall, schleicht sich überall ein. [...] Hier muss noch mehr darin liegen. II, 612 (408)

*6. Februar*

An schlechten und mittelmäßigen Schriftstellern ließe sich noch mancher schöne Kranz verdienen. Man hat bisher fast lauter Schlechtes und Mittelmäßiges über dieselben – und doch würde eine Philosophie des Schlechten, Mittelmäßigen und Gemeinen von der höchsten Wichtigkeit sein. II, 598 (340)

*7. Februar*

Langer Umgang lehrt einen die Gesichtssprache verstehen. Die vollkommenste Physiognomie muss allgemein und absolut verständlich sein. Man könnte die Augen ein Lichtklavier nennen. Das Auge drückt sich auf eine ähnliche Weise wie die Kehle durch höhere und tiefere Töne, [...] durch schwächere und stärkere Leuchtungen aus.
II, 611 (405)

*8. Februar*

Sie [die Frauen] sind ein liebliches Geheimnis – nur verhüllt – nicht verschlossen. Auf ähnliche Weise reizen die philosophischen Mysterien. [...] Geliebt zu sein ist ihnen urwesentlich. […] Frauen und Liebe trennt nur der Verstand. II, 617 (428)

*9. Februar*

Haben sie [die Frauen] nicht Ähnlichkeit mit dem Unendlichen, dass sie sich nicht quadrieren, sondern nur durch Annäherung finden lassen? Und mit dem Höchsten, dass sie uns absolut nah sind, und doch immer gesucht – dass sie absolut verständlich sind und doch nicht verstanden, dass sie absolut unentbehrlich sind, und doch meistens entbehrt werden, und mit höheren Wesen, dass sie so kindlich, so gewöhnlich, so müßig und so spielend erscheinen?

II, 617 (428)

*10. Februar*

Die Lippen sind für die Geselligkeit so viel, wie sehr verdienen sie den Kuss. Jede sanfte, weiche Erhöhung ist ein symbolischer Wunsch der Berührung. So ladet uns alles in der Natur figürlich und bescheiden zu seinem Genuss ein – und so dürfte die ganze Natur wohl weiblich, Jungfrau und Mutter zugleich sein. II, 618 (429)

*11. Februar*

Die Holzkohle und der Diamant sind ein Stoff – und doch wie verschieden. Sollte es nicht mit Mann und Weib derselbe Fall sein. Wir sind Tonerde – und die Frauen sind Weltaugen und Saphire, die ebenfalls aus Tonerde bestehen. II, 621 (440)

*12. Februar*

Das gemeinschaftliche Essen ist eine sinnbildliche Handlung der Vereinigung. Alle Vereinigungen außer der Ehe sind bestimmt gerichtete, durch ein Objekt bestimmte, und gegenseitig dasselbe bestimmende Handlungen. Die Ehe hingegen ist eine unabhängige Totalvereinigung.

II, 620 (439)

*13. Februar*

Alles Genießen, Zueignen und Assimilieren ist Essen, oder Essen ist vielmehr nichts, als eine Zueignung. Alles geistige Genießen kann daher durch Essen ausgedrückt werden.

II, 620 (439)

*14. Februar*

Interesse ist Teilnahme an dem Leiden und der Tätigkeit eines Wesens. Mich interessiert etwas, wenn es mich zur Teilnahme zu erregen weiß. Kein Interesse ist interessanter, als was man an sich selbst nimmt – sowie der Grund einer merkwürdigen Freundschaft und Liebe, die Teilnahme ist, zu der mich ein Mensch reizt, der mit sich selbst beschäftigt ist, der mich durch seine Mitteilung gleichsam einladet an seinem Geschäfte teilzunehmen.

*Blütenstaub*, II, 427 (35)

*15. Februar*

Die Tischzeit ist die merkwürdigste Periode des Tages – und vielleicht der Zweck, die Blüte des Tages. Das Frühstück ist die Knospe. Die Alten verstanden sich auch hier besser auf die Philosophie des Lebens. Sie aßen nur einmal außer dem Frühstück – und zwar nach vollbrachten Geschäften am Abend. Das doppelte Essen schwächt das Interesse. Zwischen dem Essen Schauspiel, Musik und Lektüre. Die Mahlzeit selbst eine Kurve, nach echter Bildungslehre des Lebens. Mit der leichtesten Speise den Anfang gemacht, dann gestiegen und mit der leichtesten wieder geschlossen. Das Essen muss lang währen – die Verdauungszeit über. Den Schluss macht am Ende der Schlummer. II, 621 (441)

*16. Februar*

Jede Aussicht auf eine Zukunft voll kräftigen, mannigfachen Lebens ist eine Morgenaussicht. Poetische Kurve der Sonne. Das Leben endigt, wie der Tag und ein vollkommenes Schauspiel, wehmütig – aber mit erhabener Hoffnung. Der Abend ist sentimental [bewusst, das Ideal suchend im Sinne Schillers], wie der Morgen naiv [naturnah, unbekümmert realistisch] ist. Der Morgen muss streng und geschäftig, der Abend üppig sein. II, 622 (442)

*17. Februar*

Von einem liebenswerten Gegenstande können wir nicht genug hören, nicht genug sprechen. Wir freuen uns über jedes neue, treffende, verherrlichende Wort. Es liegt nicht an uns, dass er nicht Gegenstand aller Gegenstände wird.

*Blütenstaub*, II, 429 (41)

*18. Februar*

Alles, was uns umgibt, die täglichen Vorfälle, die gewöhnlichen Verhältnisse, die Gewohnheiten unserer Lebensart, haben einen ununterbrochenen, eben darum unbemerkbaren, aber höchst wichtigen Einfluss auf uns. So heilsam und zweckdienlich dieser Kreislauf uns ist, insofern wir Genossen einer bestimmten Zeit, Glieder einer spezifischen Korporation sind, so hindert uns doch derselbe an einer höheren Entwicklung unserer Natur. Divinatorische [geistig wahrnehmende], magische, echtpoetische Menschen können unter Verhältnissen, wie die unsrigen sind, nicht entstehen. II, 533 (33)

*19. Februar*

Die Menschen gehen viel zu nachlässig mit ihren Erinnerungen um. III, 648 (541)

*20. Februar*

Unser Alltagsleben besteht aus lauter erhaltenden, immer wiederkehrenden Verrichtungen. Dieser Zirkel von Gewohnheiten ist nur Mittel zu einem Hauptmittel, unserem irdischen Dasein überhaupt, das aus mannigfaltigen Arten zu existieren gemischt ist. *Blütenstaub*, II, 447 (77)

*21. Februar*

Humor ist eine willkürlich angenommene Manier. Das Willkürliche ist das Pikante daran: Humor ist das Resultat einer freien Vermischung des Bedingten und Unbedingten. Durch Humor wird das eigentümlich Bedingte allgemein interessant, und erhält objektiven Wert. II, 425 (29)

*22. Februar*

Menschheit ist eine humoristische Rolle.
*Blütenstaub*, II, 437 (63)

*23. Februar*

Grober Eigennutz ist das notwendige Resultat armseliger Beschränktheit. Die gegenwärtige Sensation ist die lebhafteste, die höchste eines Jämmerlings. Über diese kennt er nichts Höheres. Kein Wunder, dass der durch die äußeren Verhältnisse par force dressierte Verstand nur der listige Sklave eines solchen stumpfen Herren ist und nur für dessen Lüste sinnt und sorgt. *Blütenstaub*, II, 449 (77)

*24. Februar*

Ob sich nicht etwas für die neuerdings so gemisshandelten Alltagsmenschen sagen ließe? Gehört nicht zur beharrlichen Mittelmäßigkeit die meiste Kraft? Und soll der Mensch mehr, als einer aus dem Popolo [Volk] sein?

II, 431 (46)

*25. Februar*

Deutsche gibt es überall. Germanität ist so wenig, wie Romanität, Gräcität oder Brittannität auf einen besonderen Staat eingeschränkt. Es sind allgemeine Menschencharaktere, die nur hie und da vorzüglich allgemein geworden sind. Deutschheit ist echte Popularität [innere Vielfältigkeit] und darum ein Ideal. *Vermischte Bemerkungen*, II, 438 (66)

*26. Februar*

Deutschheit ist Kosmopolitismus mit der kräftigsten Individualität gemischt. IV, 237

*27. Februar*

Jeder Engländer ist eine Insel. III, 465 (1065)

*28. Februar*

Je schwächer der Mensch, desto mächtiger, ahnungsvoller und behaglicher dünkt ihm ein leidenschaftlicher Zustand. Es ist ihm genug, dass er geweckt und gerührt wird – was ihn weckt und rührt ist ihm einerlei – er ist noch nicht gebildet genug, um irgendeine Wahl zu treffen und die erregenden Gegenstände zu ordnen und zu unterscheiden, oder gar manchen seine Aufmerksamkeit und Teilnahme zu versagen. II, 548 (116)

### *29. Februar*

Die Herrnhuter annihilieren [vernichten] ihre Vernunft. Die Empfindsamen ihren Verstand – die Leute von Verstand ihr Herz. Kein Akt ist gewöhnlicher in uns, als der Annihilationsakt. Ebenso gewöhnlich ist der Positionsakt. Wir setzen und nehmen etwas willkürlich so an, weil wir es wollen. Nicht aus bewusstem Eigensinn, denn hier wird wirklich mit Hinsicht auf unseren Willen etwas festgesetzt, sondern aus instinktartigem Eigensinn, der ebenfalls in der Trägheit, so sonderbar es auch scheint, seinen Grund hat. Es ist ein äußerst bequemes Verfahren sich aller Mühe des Forschens zu überheben und allem inneren und äußeren Streit und Zwiespalt ein Ende zu machen. Es ist eine Art von Zauberei, durch die wir die Welt umher nach unserer Bequemlichkeit und Laune bestellen. II, 548 (117)

# *März*

*1. März*

Der größte Zauberer würde der sein, der sich sogleich so bezaubern könnte, dass ihm seine Zaubereien wie fremde, selbstmächtige Erscheinungen vorkämen. Könnte das nicht mit uns der Fall sein? II, 612 (407)

*2. März*

Die Ehe ist das höchste Geheimnis. Die Ehe ist bei uns ein popularisiertes Geheimnis. Schlimm, dass bei uns nur die Wahl zwischen Ehe und Einsamkeit ist. Die Extreme sind es – aber wie wenig Menschen sind einer eigentlichen Ehe fähig – wie wenig können auch Einsamkeit ertragen.

III, 692 (702)

*3. März*

Die höhere Philosophie behandelt die Ehe von Natur und Geist. III, 247 (50)

*4. März*

Die Ehe bezeichnet eine neue, höhere Epoche der Liebe – die gesellige […] – die lebendige Liebe. Die Philosophie entsteht mit der Ehe. III, 573 (129)

*5. März*

Das gemeinschaftliche Essen ist eine sinnbildliche Handlung der Vereinigung. Alle Vereinigungen außer der Ehe sind bestimmt gerichtete, durch ein Objekt bestimmte, und gegenseitig dasselbe bestimmende Handlungen. Die Ehe hingegen ist eine unabhängige Totalvereinigung.

II, 620 (439)

*6. März*

Eine Ehe sollte eigentlich eine langsame, kontinuierliche Umarmung, Generation [schöpferische Hervorbringung] – wahre Nutrition [Nährung] – Bildung eines gemeinsamen, harmonischen Wesens sein? III, 255 (83)

*7. März*

Je höher wir stehen, desto mehr gefällt uns alles, behagt uns jede Aktion. Wir machen dann alles mit Vergnügen – höchste Ruhe und Bedürfnis-, Verhältnislosigkeit – stete Bereitwilligkeit, in jedes Verhältnis zu treten – und sich darnach zu stimmen. II, 544 (98)

*8. März*

Das Wort Simmung deutet auf musikalische Seelenverhältnisse. Die Akustik der Seele ist noch ein dunkles, vielleicht aber sehr wichtiges Feld. III, 473 (1122)

*9. März*

Die Anstrengung überhaupt bringt nur, als indirekter, vorbereitender Reiz, eine Operation zustande. In der rechten

Stimmung, die dadurch entstehen kann, gelingt alles von selbst. Der Mangel an mehreren, zugleich gegenwärtigen Ideen etc. rührt von Schwäche her. II, 609 (396)

*10. März*

In der vollkommensten Stimmung sind alle Ideen gleich gegenwärtig. In dieser ist auch keine Passion [Leidenschaft], kein Affekt möglich. In ihr ist man wahrhaft im Olymp – und die Welt zu unseren Füßen. Die Selbstbeherrschung geht in ihr von selbst vonstatten. Kurz alles scheint von selbst zu geschehen – wenn das rechte Medium vorhanden ist – wenn das Hindernis gehoben wird. Alle Konstruktion [Verwirklichung eines höheren Gehaltes durch innere Anstrengung] ist also indirekt. II, 609 (396)

*11. März*

Stimmungen – unbestimmte Empfindungen – nicht bestimmte Empfindungen und Gefühle machen glücklich. Man wird sich wohl befinden, wenn man keinen besonderen Trieb – keine bestimmte Gedanken- und Empfindungsreihe in sich bemerkt. Dieser Zustand ist wie das Licht ebenfalls nur heller und dunkler. Spezifische Gedanken und Empfindungen sind seine Konsonanten. Man nennt es Bewusstsein. Vom vollkommensten Bewusstsein lässt sich sagen, dass es sich alles und nichts bewusst ist.

II, 611 (406)

*12. März*

Selbstempfinden – wie Selbstdenken – aktives Empfinden. Man bringt das Empfindungsorgan wie das Denkorgan in seine Gewalt. II, 606 (383)

*13. März*

Vermögen, Fertigkeit, nach Belieben Empfindungen hervorzubringen. (Glaube ist eine solche Willkür, Empfindung hervorzubringen, verbunden mit dem Bewusstsein der absoluten Realität des Empfundenen.) II, 547 (112)

*14. März*

Alle Bezauberung ist ein künstlich erregter Wahnsinn. Alle Leidenschaft ist eine Bezauberung. Ein reizendes Mädchen [ist] eine reellere Zauberin, als man glaubt.

II, 601 (355)

*15. März*

Neigungen sind materiellen Ursprungs – Anziehungs- und Abstoßungskräfte sind hier wirksam. Die Neigungen machen uns zu Naturkräften. Sie perturbieren [stören] den Lauf des Menschen – und man kann von leidenschaftlichen Menschen im eigentlichen Sinn sagen, dass sie fallen. Wer sich den Neigungen unbedingt ergibt, handelt selbst gegen das eigentliche Interesse der Neigungen, weil sie nur durch einen verhältnismäßigen Widerstand eine volle und dauerhafte Wirkung tun können. III, 557 (15)

*1795 Verlobung mit Sophie von Kühn*

*16. März*

Neigungen zu haben und sie zu beherrschen ist rühmlicher, als Neigungen zu meiden. III, 577 (168)

*17. März*

Mein Lieblingsstudium heißt im Grunde wie meine Braut. Sophie heißt sie – Philosophie ist die Seele meines Lebens und der Schlüssel zu meinem eigensten Selbst.

*Brief vom Juli 1796*, IV, 188

*1782 * Sophie von Kühn*

*18. März*

Über den Entschluss [der verstorbenen Braut nachzusterben] muss ich nicht mehr räsonnieren – und wie ich mich zum bestimmten Denken nötige, durch Streben und gewisse Mittel auch bestimmte Stimmungen nach Willkür in mir zu erregen suchen. So muss ich arbeiten können, wenn ich will – so muss ich mich, mit anfänglicher Anstrengung, in einen gewissen Zustand zu versetzen lernen.

*Journal*, IV, 40

*1776 * Julie von Charpentier, zweite Braut von Novalis.*

*19. März*

Ich habe zu Söfchen [Sophie von Kühn] Religion – nicht Liebe. Absolute Liebe, vom Herzen unabhängige, auf Glauben gegründete, ist Religion. II, 395 (56)

*1797 † Sophie von Kühn*

*20. März*

Es sind nicht die bunten Farben, die lustigen Töne und die warme Luft, die uns im Frühling so begeistern. Es ist der stille, weissagende Geist unendlicher Hoffnungen, ein Vorgefühl vieler froher Tage, des gedeihlichen Daseins so mannigfaltiger Naturen, die Ahnung höherer ewiger Blüten und Früchte, und die dunkle Sympathie mit der gesellig sich entfaltenden Welt. III, 650 (558)

*21. März*

Sonderbar, dass das Innere des Menschen bisher nur so dürftig betrachtet und so geistlos behandelt worden ist. Die so genannte Psychologie gehört auch zu den Larven, die die Stellen im Heiligtum eingenommen haben, wo echte Götterbilder stehen sollten. Wie wenig hat man noch die Physik [Naturlehre] für das Gemüt – und das Gemüt für die Außenwelt benutzt. III, 547 (138)

*22. März*

Verstand, Phantasie – Vernunft – das sind die dürftigen Fachwerke des Universums in uns. Von ihren wunderbaren Vermischungen, Gestaltungen, Übergängen kein Wort. Keinem fiel es ein – noch neue, ungenannte Kräfte aufzusuchen – ihren geselligen Verhältnissen nachzuspüren. Wer weiß welche wunderbare Vereinigungen, welche wunderbare Generationen [Schöpfungen] uns noch im Inneren bevorstehen. III, 574 (138)

## *23. März*

Oft hat er [der Lehrer] uns erzählt, wie ihm als Kind der Trieb die Sinne zu üben, zu beschäftigen und zu erfüllen, keine Ruhe ließ. Den Sternen sah er zu und ahmte ihre Züge, ihre Stellungen im Sande nach. Ins Luftmeer sah er ohne Rast, und ward nicht müde seine Klarheit, seine Bewegungen, seine Wolken, seine Lichter zu betrachten. Er sammelte sich Steine, Blumen, Käfer aller Art, und legte sie auf mannigfache Weise sich in Reihen. Auf Menschen und Tiere gab er acht, am Strand des Meeres saß er, suchte Muscheln. Auf sein Gemüt und seine Gedanken lauschte er sorgsam. *Die Lehrlinge zu Sais*, I, 79

## *24. März*

Die Darstellung des Gemüts muss, wie die Darstellung der Natur, selbsttätig, eigentümlich allgemein, verknüpfend und schöpferisch sein. Nicht wie es ist, sondern wie es sein könnte, und sein muss. III, 650 (557)

## *25. März*

Manchen fehlt es an Gegenwart des Geistes – dafür haben sie desto mehr Zukunft des Geistes. III, 557 (8)

*1801 † Friedrich von Hardenberg, genannt Novalis*

## *26. März*

Je merklichere Wirkungen die Seele hervorbringen kann, desto stärker ist sie, je unmerklichere Wirkungen der Stoff, die Welt, der Körper im engeren Sinn hervorbringen kann, desto stärker ist er. Je mannigfaltigere dabei beide – desto gebildeter beide. Der Körper soll Seele – die Seele Körper werden. Eins durch das Andere – dadurch gewinnen beide.

III, 352 (505)

## *27. März*

Der Sitz der Seele ist bald hier, bald dort – bald an mehreren Orten zugleich – er ist veränderlich – und so auch der Sitz ihrer Hauptglieder, die man durch die Hauptleidenschaften kennenlernt. III, 274 (194)

## *28. März*

War Raphael Seelenmaler? Was heißt das? III, 242 (7)

*1483 * Raphael, Maler*

## *29. März*

Der Sitz der Seele ist da, wo sich Innenwelt und Außenwelt berühren. Wo sie sich durchdringen, ist er in jedem Punkte der Durchdringung. *Blütenstaub*, II, 419 (19)

## *30. März*

Der Mensch ist gemeine Prosa – er soll höhere Prosa – allumfassende Prosa werden. Bildung des Geistes ist Mitbildung des Weltgeistes – und also Religion. Der Geist wird aber durch die Seele gebildet – denn die Seele ist nichts, als gebundener, gehemmter, konsonierter [wörtl. mittönend, wie ein Konsonant] Geist. III, 317 (407)

## *31. März*

Seele ist angewandter, unreiner, vermischter, praktischer Geist. Geist ist theoretische Seele. Die Seele soll als Seele Geist werden – oder quod idem est [was dasselbe ist] – der Geist, als Geist, Seele. III, 293 (296)

*April*

*1. April*

Genie ist gleichsam Seele der Seele – es ist ein Verhältnis zwischen Seele und Geist. Man kann das Substrat [Grundlage] oder Schema [Grundform] des Genies sehr füglich Idol [im Sinne von Urbild] nennen – das Idol ist ein Analogon [eine Entsprechung auf höherer Ebene] des Menschen.

III, 319 (416)

*2. April*

Die Seele ist unter allen Giften das stärkste. Sie ist der durchdringendste, diffusibelste Reiz. Alle Seelenwirkungen sind daher bei Lokalübeln und entzündlichen Krankheiten höchst schädlich. III, 464 (1057)

*3. April*

Gewiss ist es, dass der Mensch selbst Seelenkrankheiten Herr werden kann – und dies beweist unsere Moralität – unser Gewissen – unser unabhängiges Ich. Selbst in Seelenkrankheiten kann der Mensch außerhalb sein – und beobachten und gegenexperimentieren. III, 457 (999)

*4. April*

Jede Krankheit kann man Seelenkrankheit nennen.

III, 663 (601)

*5. April*

Sollen Körper und Seele vielleicht auf gewisse Weise getrennt sein – und ist es nicht Schwäche, wenn jede Affektion [Erregung] des einen gleich auch eine Affektion des anderen ist – ohne Dazwischenkunft des Willens?

II, 395 (62)

*6. April*

Wir haben zwei Systeme von Sinnen, die so verschieden sie auch erscheinen, doch auf das innigste miteinander verwebt sind. Ein System heißt der Körper, eins, die Seele. Jenes steht in der Abhängigkeit von äußeren Reizen, deren Inbegriff wir die Natur oder die äußere Welt nennen. Dieses steht ursprünglich in der Abhängigkeit eines Inbegriffs innerer Reize, den wir den Geist nennen, oder die Geisterwelt. II, 546 (111)

*7. April*

Wozu man ernstliche Lust – Trieb hat – hat, dazu hat man Genie. Das Genie offenbart sich in Lust und Trieb.

III, 303 (351)

*8. April*

Jedes und alles wird in ein Lusterregendes verwandelt – diese Lust ist freilich nicht die Lust im gewöhnlichen Sinne. II, 373 (32)

*9. April*

Es gibt gar kein eigentliches Unglück in der Welt – Glück und Unglück stehen in beständiger Waage. Jedes Unglück ist gleichsam das Hindernis eines Stromes, der nach überwundener Hinderung nur desto mächtiger durchbricht.

III, 653 (574)

*10. April*

Die christliche Religion ist die eigentliche Religion der Wollust. Die Sünde ist der große Reiz für die Liebe der Gottheit. Je sündiger man sich fühlt, desto christlicher ist man. Unbedingte Vereinigung mit der Gottheit ist der Zweck der Sünde und der Liebe. III, 653 (573)

*11. April*

Warum kann in der Religion keine Virtuosität stattfinden? Weil sie auf Liebe beruht. [...] Die Liebe ist frei – sie wählt das Ärmste und Hilfsbedürftigste am liebsten.

III, 562 (48)

*12. April*

Wenige wissen
Das Geheimnis der Liebe,
Fühlen Unersättlichkeit
Und ewigen Durst.

Des Abendmahls
Göttliche Bedeutung
Ist den irdischen Sinnen Rätsel;
Aber wer jemals
Von heißen, geliebten Lippen
Atem des Lebens sog,
Wem heilige Glut
In zitternden Wellen das Herz schmolz,
Wem das Auge aufging,
Dass er des Himmels
Unergründliche Tiefen maß,
Wird essen von seinem Leibe
Und trinken von seinem Blute
Ewiglich.

*Abendmahlshymne*, 1, 167

*Gründonnerstag* (2001)

*13. April*

Der Jüngling bist du, der seit langer Zeit
Auf unsern Gräbern steht in tiefem Sinnen;
Ein tröstlich Zeichen in der Dunkelheit –
Der höhern Menschheit freudiges Beginnen.
Was uns gesenkt in tiefe Traurigkeit
Zieht uns mit süßer Sehnsucht nun von hinnen.
Im Tode ward das ewge Leben kund,
Du bist der Tod und machst uns erst gesund.

*Hymnen an die Nacht*, 1, 147

*Karfreitag* (2001)

*14. April*

Nur wenig Tage hing ein tiefer Schleier über das brausende Meer, über das bebende Land – unzählige Tränen weinten die Geliebten – Entsiegelt ward das Geheimnis – himmlische Geister hoben den uralten Stein vom dunklen Grabe. Engel saßen bei dem Schlummernden – aus seinen Träumen zartgebildet. *Hymnen an die Nacht*, 1, 149

*15. April*

Ich sag' es jedem, dass er lebt
Und auferstanden ist,
Dass er in unsrer Mitte schwebt
Und ewig bei uns ist.

[...]

Jetzt scheint die Welt dem neuen Sinn
Erst wie ein Vaterland;
Ein neues Leben nimmt man hin
Entzückt aus seiner Hand.
Hinunter in das tiefe Meer
Versank des Todes Graun,
Und jeder kann nun leicht und hehr
in seine Zukunft schaun.

Der dunkle Weg, den er betrat,
Geht in den Himmel aus,
Und wer nur hört auf seinen Rat,
Kommt auch in Vaters Haus.

[...]

Er lebt, und wird nun bei uns sein,
Wenn alles uns verlässt!
Und so soll dieser Tag uns sein
Ein Weltverjüngungs-Fest.

*IX. Geistliches Lied*, I, 169

*Ostersonntag* (2001)

## *16. April*

Die Liebe ist der Endzweck der Weltgeschichte – das Unum des Universums. III, 248 (50)

## *17. April*

Wenn Gott Mensch werden konnte, kann er auch Stein, Pflanze, Tier und Element werden, und vielleicht gibt es auf diese Art eine fortwährende Erlösung in der Natur.

III, 664 (603)

## *18. April*

Jeder geliebte Gegenstand ist der Mittelpunkt eines Paradieses. *Blütenstaub*, II, 433 (51)

## *19. April*

Liebe ist der Grund der Möglichkeit der Magie. Die Liebe wirkt magisch. III, 255 (79)

## *20. April*

Das Herz ist der Schlüssel der Welt und des Lebens. Man lebt in diesem hilflosen Zustande, um zu lieben – und anderen verpflichtet zu sein. Durch Unvollkommenheit wird man der Einwirkung anderer fähig – und diese fremde Einwirkung ist der Zweck. In Krankheiten sollen und können uns nur andere helfen. So ist Christus, von diesem Gesichtspunkt aus, allerdings der Schlüssel der Welt.

II, 606 (381)

## *21. April*

Was man liebt, findet man überall, und sieht überall Ähnlichkeiten. Je größer die Liebe, desto weiter und mannigfaltiger diese ähnliche Welt. Meine Geliebte ist die Abbreviatur [Abkürzung] des Universums, das Universum ist die Elongatur [Ausfaltung] meiner Geliebten.

*Glauben und Liebe*, II, 485 (4)

## *22. April*

Gottes Wort müssen echte Predigten sein – Inspirationen – religiöse Erscheinungen – Offenbarungen in Worten. Ruhe, Versammlung, Bauart, Ritus und Musik passen zu diesem Zweck. Die echte Religion äußert sich eigentlich durch reine, sättigende, alles belebende Begeisterung – die wie die Wärme alles erhöht.

III, 588 (226)

*23. April*

Durch unaufhörliches, freies Nachdenken muss man sich begeistern. Hat man gar keine Zeit zum Überschauen, zum freien Meditieren, zum ruhigen Durchlaufen und Betrachten in verschiedenen Stimmungen, so schläft selbst die fruchtbarste Phantasie ein, und die innere Mannigfaltigkeit hört auf. III, 655 (583)

*24. April*

Ein Begeisterter äußert sein höheres Leben in all seinen Funktionen; also philosophiert er auch, und zwar lebhafter als gewöhnlich, poetischer. *Glauben und Liebe*, II, 486 (5)

*25. April*

Enthusiasmus ist Licht und Wärme – Es gibt aber auch Licht ohne Glut. II, 373 (33)

*26. April*

Vernünftiger Traum ist Gedanke etc. Gewöhnliche Träume sind indirekte Gedanken – Symptome des entzündlichen Vernunftmangels. Träumen und Nichtträumen zugleich – synthetisiert ist die Operation des Genies – wodurch beides sich gegenseitig verstärkt. III, 63

*27. April*

Unser Leben ist ein Traum heißt soviel, als unser Leben ist ein Gedanke. III, 63

*28. April*

Das Denken ist nur ein Traum des Fühlens, ein erstorbenes Fühlen, ein blassgraues, schwaches Leben.

*Die Lehrlinge zu Sais*, I, 96

*29. April*

Aber, lieber Vater, aus welchem Grund seid Ihr so den Träumen entgegen, deren seltsame Verwandlungen und leichte zarte Natur doch unser Nachdenken gewisslich rege machen müssen? Ist nicht jeder, auch der verworrenste Traum, eine sonderliche Erscheinung, die auch ohne noch an göttliche Schickung dabei zu denken, ein bedeutsamer Riss in den geheimnisvollen Vorhang ist, der mit tausend Falten in unser Inneres hereinfällt?

*Heinrich von Ofterdingen*, I, 198

*30. April*

Die Träume sind für den Psychologen höchstwichtig – auch für den Historiker der Menschheiten. Die Träume haben sehr viel zur Kultur und Bildung der Menschheit beigetragen – daher, mit Recht, das ehemalige große Ansehen der Träume. III, 356 (519)

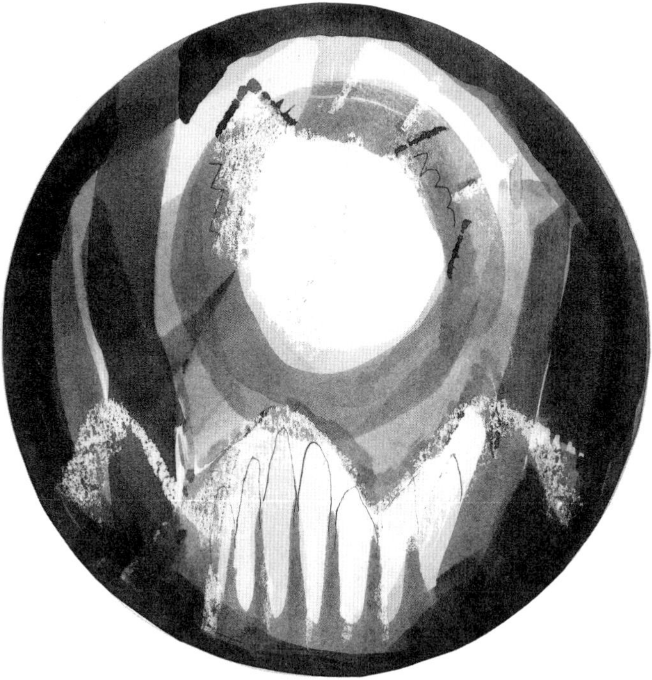

*Mai*

*1. Mai*

Es ist recht übel, sagte Klingsohr, dass die Poesie einen besonderen Namen hat, und die Dichter eine besondere Zunft ausmachen. Es ist gar nichts besonderes. Es ist die eigentümliche Handlungsweise des menschlichen Geistes. Dichtet und trachtet nicht jeder Mensch in jeder Minute?

*Heinrich von Ofterdingen*, I, 287

*2. Mai*

Die Poesie ist die Jugend unter den Wissenschaften. Als Kind mag sie ausgesehen haben, wie der Engel unter der Madonna [gemeint ist Raphaels Sixtinische Madonna], der den Finger so bedeutend auf den Mund drückt, als traut er diesem Leichtsinn nicht. III, 321 (434)

*1772 * Friedrich von Hardenberg, genannt Novalis*

*3. Mai*

Soll der Schriftsteller gleichsam der Genius seiner Materialien, seiner Charaktere – jedes Buch – Darstellung eines Genius sein – eines zusammengesetzten, geistigen Wesens?

III, 321 (432)

*4. Mai*

Es gibt einen speziellen Sinn für Poesie – eine poetische Stimmung in uns. Die Poesie ist durchaus personell und darum unbeschreiblich und indefinissabel. Wer es nicht unmittelbar weiß und fühlt, was Poesie ist, dem lässt sich kein Begriff davon beibringen. Poesie ist Poesie. Von Rede (Sprach)kunst himmelweit verschieden. III, 685 (668)

*5. Mai*

Die Kunst, auf eine angenehme Art zu befremden, einen Gegenstand fremd zu machen und doch bekannt und anziehend, das ist die romantische Poetik. III, 685 (668)

*6. Mai*

Der Sinn für Poesie hat viel mit dem Sinn für Mystizismus gemein. Er ist der Sinn für das Eigentümliche, Personelle, Unbekannte, Geheimnisvolle, zu Offenbarende, das Notwendigzufällige. Er stellt das Undarstellbare dar. Er sieht das Unsichtbare, fühlt das Unfühlbare etc. III, 685 (671)

*7. Mai*

Der Dichter ist wahrhaft sinnberaubt – dafür kommt alles in ihm vor. Er stellt im eigentlichsten Sinn Subjekt Objekt vor – Gemüt und Welt. Daher die Unendlichkeit eines guten Gedichts, die Ewigkeit. Der Sinn für Poesie hat nahe Verwandtschaft mit dem Sinn der Weissagung und dem religiösen, dem Sehersinn überhaupt. Der Dichter ordnet, vereinigt, wählt, erfindet – und es ist ihm selbst unbegreiflich, warum gerade so und nicht anders. III, 686 (671)

*8. Mai*

Die Poesie im strengeren Sinn scheint fast die Mittelkunst zwischen den bildenden und tönenden Künsten zu sein.

III, 297 (323)

*9. Mai*

Man sollte nichts darstellen, was man nicht völlig übersehe, deutlich vernehme, und ganz Meister desselben wäre – z. B. bei Darstellungen des Übersinnlichen. III, 640 (511)

*10. Mai*

Poesie ist wahrhafter Idealismus – Betrachtung der Welt, wie Betrachtung eines großen Gemütes – Selbstbewusstsein des Universums. III, 640 (513)

*11. Mai*

Sollte Poesie nichts, als innere Malerei und Musik etc. sein. Freilich modifiziert durch die Natur des Gemütes. Man sucht mit der Poesie, die gleichsam nur das mechanische Instrument dazu ist, innere Stimmungen, und Gemälde oder Anschauungen hervorzubringen – vielleicht auch geistige Tänze etc. III, 639 (507)

*12. Mai*

Poesie = Gemüterregungskunst. III, 639 (507)

*13. Mai*

Tätiger Sinn des Gefühls. Poesie. II, 575 (226)

*14. Mai*

Nur ein Künstler kann den Sinn des Lebens erraten.
II, 562 (177)

*15. Mai*

Der Musiker hört eigentlich auch aktiv – er hört heraus. Freilich ist dieser umgekehrte Gebrauch der Sinne den meisten ein Geheimnis, aber jeder Künstler wird es sich mehr oder minder deutlich bewusst sein. II, 574 (226)

*16. Mai*

Fast jeder Mensch ist in geringem Grad schon Künstler – er sieht in der Tat heraus und nicht herein – er fühlt heraus und nicht herein. Der Hauptunterschied ist der: der Künstler hat den Keim des selbstbildenden Lebens in seinen Organen belebt – die Reizbarkeit derselben für den Geist erhöht und ist mithin im Stande Ideen nach Belieben – ohne äußere Sollizitation [Anregung] – durch sie heraus zu strömen – sie, als Werkzeuge, zu beliebigen Modifikationen der Welt zu gebrauchen – dahingegen sie beim Nichtkünstler nur durch Hinzutritt einer äußeren Sollizitation ansprechen und der Geist, wie die träge Materie, unter den Grundgesetzen der Mechanik [...] zu stehen [...] scheint. II, 574 (226)

*17. Mai*

Jeder Mensch sollte Künstler sein. Alles kann zur schönen Kunst werden. *Glauben und Liebe*, II, 497 (39)

*18. Mai*

Poesie ist die große Kunst der Konstruktion der transzendentalen Gesundheit. Der Poet ist also der transzendentale Arzt. Die Poesie schaltet und waltet mit Schmerz und Kitzel – mit Lust und Unlust – Irrtum und Wahrheit – Gesundheit und Krankheit. Sie mischt alles zu ihrem großen Zweck der Zwecke – der Erhebung des Menschen über sich selbst. II, 535 (42)

*19. Mai*

Dichten ist Zeugen. Alles Gedichtete muss ein lebendiges Individuum sein. II, 534 (36)

*20. Mai*

Jedes Wort ist ein Wort der Beschwörung. Welcher Geist ruft – ein solcher erscheint. II, 523 (6)

*21. Mai*

Jeder Mensch hat seine eigene Sprache. Sprache ist Ausdruck des Geistes. II, 560 (164)

*22. Mai*

Der echte Ausdruck macht die klare Idee. Sobald man nur die rechten Namen hat, so hat man die Ideen inne. Durchsichtiger, leitender Ausdruck. II, 560 (164)

*23. Mai*

Die Sprache, sagte Heinrich, ist wirklich eine kleine Welt in Zeichen und Tönen. Wie der Mensch sie beherrscht, so möchte er gern die große Welt beherrschen, und sich frei darin ausdrücken können. Und eben in dieser Freude, das, was außer der Welt ist, in ihr zu offenbaren, das tun zu können, was eigentlich der ursprüngliche Trieb unseres Daseins ist, liegt der Ursprung der Poesie.

*Heinrich von Ofterdingen*, I, 287

*24. Mai*

Für den Dichter ist die Poesie an beschränkte Werkzeuge gebunden, und eben dadurch wird sie zur Kunst.

*Heinrich von Ofterdingen*, I, 286

*Himmelfahrt* (2001)

*25. Mai*

Ich möchte fast sagen, das Chaos muss in jeder Dichtung durch den regelmäßigen Flor der Ordnung schimmern. Den Reichtum der Erfindung macht nur eine leichte Zusammenstellung fasslich und anmutig, dagegen auch das bloße Ebenmaß die unangenehme Dürre einer Zahlenfigur hat. *Heinrich von Ofterdingen*, I, 286

*26. Mai*

Überhaupt können die Dichter nicht genug von den Musikern und Malern lernen. In diesen Künsten wird es recht auffallend, wie nötig es ist, wirtschaftlich mit den Hilfsmitteln der Kunst umzugehen, und wie viel auf geschickte Verhältnisse ankommt. Dagegen könnten freilich jene Künstler auch von uns die poetische Unabhängigkeit und den inneren Geist jeder Dichtung und Erfindung, jedes echten Kunstwerks überhaupt, dankbar annehmen. Sie sollten poetischer und wir musikalischer und malerischer sein – beides nach der Art und Weise unserer Kunst.

*Heinrich von Ofterdingen*, I, 286

*27. Mai*

Die Poesie will vorzüglich [...] als strenge Kunst getrieben werden. Als bloßer Genuss hört sie auf Poesie zu sein. Ein Dichter muss nicht den ganzen Tag müßig umherlaufen, und auf Bilder und Gefühle Jagd machen. Das ist ganz der verkehrte Weg. Ein reines offenes Gemüt, Gewandtheit im Nachdenken und Betrachten, und Geschicklichkeit alle seine Fähigkeiten in eine gegenseitig belebende Tätigkeit zu versetzen und darin zu erhalten, das sind die Erfordernisse unserer Kunst.

*Heinrich von Ofterdingen*, I, 282

*28. Mai*

Der junge Dichter kann nicht kühl, nicht besonnen genug sein. Zur wahren, melodischen Gesprächigkeit gehört ein weiter, aufmerksamer und ruhiger Sinn. Es wird ein verworrenes Geschwätz, wenn ein reißender Sturm in der Brust tobt, und die Aufmerksamkeit in eine zitternde Gedankenlosigkeit auflöst. Nochmals wiederhole ich, das echte Gemüt ist wie das Licht, ebenso ruhig und empfindlich, ebenso elastisch und durchdringlich, ebenso mächtig und ebenso unmerklich wirksam als dieses köstliche Element, das auf alle Gegenstände sich mit feiner Abgemessenheit verteilt, und sie alle in reizender Mannigfaltigkeit erscheinen läßt. *Heinrich von Ofterdingen*, 1, 281

*29. Mai*

Aber sagt mir, lieber Meister, ob ich recht habe: mich dünkt, dass man, gerade wenn man am innigsten mit der Natur vertraut ist, am wenigsten von ihr sagen könnte und möchte.

Wie man das nimmt, versetzte Klingsohr; ein anderes ist es mit der Natur für unseren Genuss und unser Gemüt, ein anderes mit der Natur für unseren Verstand, für das leitende Vermögen unserer Weltkräfte. Man muss sich wohl hüten, nicht eins über das andere zu vergessen. Es gibt viele, die nur die eine Seite kennen und die andere geringschätzen. Aber beide kann man vereinigen, und man wird sich wohl dabei befinden. *Heinrich von Ofterdingen*, 1, 280

*30. Mai*

Nur die Dichter haben es gefühlt, was die Natur den Menschen sein kann, [...] und man kann auch hier von ihnen sagen, dass sich die Menschheit in ihnen in der vollkommensten Auflösung befindet, und daher jeder Eindruck durch ihre Spiegelhelle und Beweglichkeit rein in allen seinen unendlichen Veränderungen nach allen Seiten fortgepflanzt wird. Alles finden sie in der Natur. Ihnen allein bleibt die Seele derselben nicht fremd, und sie suchen in ihrem Umgang alle Seligkeiten der goldenen Zeit nicht umsonst. *Die Lehrlinge zu Sais*, 1, 99

*31. Mai*

Für sie [die Dichter] hat die Natur alle Abwechslungen eines unendlichen Gemüts, und mehr als der geistvollste, lebendigste Mensch überrascht sie durch sinnreiche Wendungen und Einfälle, Begegnungen und Abweichungen, große Ideen und Bizarrerien. Der unerschöpfliche Reichtum ihrer Phantasie lässt keinen vergebens ihren Umgang aufsuchen. Alles weiß sie zu verschönern, zu beleben, zu bestätigen, und wenn auch im Einzelnen ein bewusstloser, nichtsbedeutender Mechanismus allein zu herrschen scheint, so sieht doch das tiefer sehende Auge eine wunderbare Sympathie mit dem menschlichen Herzen im Zusammentreffen und in der Folge der einzelnen Zufälligkeiten.

*Die Lehrlinge zu Sais*, 1, 99

# *Juni*

### *1. Juni*

Kann der Buchstabe dem Geist eignen und umgekehrt? II, 561 (168)

### *2. Juni*

In den Evangelien liegen die Grundzüge künftiger und höherer Evangelien. III, 669 (609)

### *3. Juni*

Der Heilige Geist ist mehr, als die Bibel. Er soll unser Lehrer des Christentums sein – nicht toter, irdischer, zweideutiger Buchstabe. III, 690 (688)

*Pfingsten* (2001)

### *4. Juni*

Der Buchstabe ist – was ein Tempel oder Monument ist; ohne Bedeutung ist es freilich tot – (über die Verwandlung des Geistes in Buchstaben). Es gibt geistvolle Historiker des Buchstabens – philologische Antiquare. III, 580 (196)

### *5. Juni*

Der Buchstabe ist nur eine Hilfe der philosophischen Mitteilung, deren eigentliches Wesen in Erregung eines bestimmten Gedankenganges besteht. Der Redende denkt, produziert – der Hörende denkt nach, reproduziert. Die

Worte sind ein trügliches Medium des Vordenkens – unzuverlässige Vehikel eines bestimmten, spezifischen Reizes. Der echte Lehrer ist ein Wegweiser. Ist der Schüler in der Tat wahrheitslustig, so bedarf es nur eines Winkes, um ihn finden zu lassen, was er sucht. II, 522 (3)

## *6. Juni*

Individueller, selbstgegebener Name jedes Dinges.

II, 596 (326)

## *7. Juni*

Man beschuldigt die Dichter der Übertreibung, und hält ihnen ihre bildliche uneigentliche Sprache gleichsam nur zu gute, ja man begnügt sich ohne tiefere Untersuchung, ihrer Phantasie jene wunderliche Natur zuzuschreiben, die manches sieht und hört, was andere nicht sehen und hören, und die in einem lieblichen Wahnsinn mit der wirklichen Welt nach ihrem Belieben schaltet und waltet; aber mir scheinen die Dichter noch bei weitem nicht genug zu übertreiben, nur dunkel den Zauber jener Sprache zu ahnen und mit der Phantasie nur so zu spielen, wie ein Kind mit dem Zauberstabe seines Vaters spielt.

*Die Lehrlinge zu Sais*, I, 100

## *8. Juni*

Sie [die Dichter] wissen nicht, welche Kräfte ihnen untertan sind, welche Welten ihnen gehorchen müssen. Ist es denn nicht wahr, dass Steine und Wälder der Musik gehorchen und, von ihr gezähmt, sich jedem Willen wie Haustiere fügen? – Blühen nicht wirklich die schönsten Blumen um die Geliebte und freuen sich sie zu schmücken? Wird für sie der Himmel nicht heiter und das Meer eben? – Drückt nicht die ganze Natur so gut, wie das Gesicht, und die Gebärden, der Puls und die Farben, den Zustand eines jeden der höheren, wunderbaren Wesen aus, die wir Menschen nennen? *Die Lehrlinge zu Sais*, I, 100

## *9. Juni*

Die Poesie ist das echt absolut Reelle. Dies ist der Kern meiner Philosophie. Je poetischer, je wahrer. II, 647 (473)

## *10. Juni*

Der Dichter schließt, wie er den Zug beginnt. Wenn der Philosoph nur alles ordnet, alles stellt, so löst der Dichter alle Bande auf. Seine Worte sind nicht allgemeine Zeichen – Töne sind es – Zauberworte, die schöne Gruppen um sich her bewegen. II, 533 (32)

## *11. Juni*

Dem Dichter ist die Sprache nie zu arm, aber immer zu allgemein. Er bedarf oft wiederkehrender, durch den Gebrauch ausgespielter Worte. Seine Welt ist einfach, wie sein Instrument – aber eben so unerschöpflich an Melodien. II, 533 (32)

*12. Juni*

Es gibt eine symptomatische und eine genetische [von innen entwickelnde] Nachahmung. Die letzte ist allein lebendig. Sie setzt die innigste Vereinigung der Einbildungskraft, und des Verstandes voraus. Dieses Vermögen, eine fremde Individualität wahrhaft in sich zu erwecken – nicht bloß durch eine oberflächliche Nachahmung zu täuschen – ist noch gänzlich unbekannt – und beruht auf einer höchst wunderbaren Penetration [Durchdringung] und geistigen Mimik. Der Künstler macht sich zu allem, was er sieht und sein will. II, 535 (41)

*13. Juni*

Echte, poetische Charaktere sind schwierig genug zu erfinden und auszuführen. Es sind gleichsam verschiedene Stimmen und Instrumente. Sie müssen allgemein, und doch eigentümlich, bestimmt und doch frei, klar und doch geheimnisvoll sein. In der wirklichen Welt gibt es äußerst selten Charaktere. [...] Man muss wohl die Gewohnheitsmenschen, die Alltäglichen von den Charakteren unterscheiden. Der Charakter ist durchaus selbsttätig.

III, 688 (682)

*14. Juni*

Das Märchen ist gleichsam der Kanon der Poesie – alles Poetische muss märchenhaft sein. Der Dichter betet den Zufall an. III, 449 (940)

*15. Juni*

In Märchen glaube ich am besten meine Gemütsstimmung ausdrücken zu können. Poetik: Alles ist ein Märchen.

III, 377 (620)

*16. Juni*

Ein Märchen ist eigentlich wie ein Traumbild – ohne Zusammenhang – ein Ensemble wunderbarer Dinge und Begebenheiten – z. B. eine musikalische Phantasie – die harmonischen Folgen einer Äolsharfe – die Natur selbst. Wird eine Geschichte ins Märchen gebracht, so ist dies schon eine fremde Einmischung – eine Reihe artiger, unterhaltender Versuche – ein abwechselndes Gespräch – eine Redoute [Fest] sind Märchen. III, 454 (986)

*17. Juni*

Ein höheres Märchen wird es, wenn, ohne den Geist des Märchens zu verscheuchen, irgendein Verstand – (Zusammenhang, Bedeutung, – etc.) hineingebracht wird. Sogar nützlich könnte vielleicht ein Märchen werden.

III, 455 (986)

*18. Juni*

Das echte Märchen muss zugleich prophetische Darstellung – idealische Darstellung – absolut notwendige Darstellung sein. Der echte Märchendichter ist ein Seher der Zukunft. III, 281 (234)

*19. Juni*

Es ist roh und geistlos, sich bloß des Inhalts wegen mitzuteilen – der Inhalt, der Stoff muss uns nicht tyrannisieren. Wir müssen uns zweckmäßig mitteilen – kunstvoll – besonnen. Unser Vortrag muss unserer nicht unwürdig – er muss seinem Publikum, er muss seinem Zweck angemessen sein – er muss Vorteile der Zeit und des Ortes benutzen.

II, 281 (619)

*20. Juni*

Das Gemeinste in echter Euphonie [sprachlichem Wohlklang] ist ewiger Betrachtung wert. In fremden Sprachen fühlt man lebhafter, dass jede Rede eine Komposition sein sollte. Man ist viel zu sorglos im Sprechen und Schreiben. Die idealische Rede gehört zur Realisation der Idealwelt.

II, 561 (172)

*21. Juni*

In einer wahren Rede spielt man alle Rollen – geht durch alle Charaktere durch – durch alle Zustände – nur um zu überraschen – um den Gegenstand von einer neuen Seite zu betrachten, um den Zuhörer plötzlich zu illudieren [täuschen] oder auch zu überzeugen; eine Rede ist ein äußerst lebhaftes, und geistreiches, abwechselndes Tableau der inneren Betrachtung eines Gegenstandes.

III, 648 (547)

*22. Juni*

Die echte Rede ist im Stil des hohen Lustspiels, nur einzeln mit großer Poesie verwebt – sonst recht klare, einfache Prosa des gemeinen Lebens […]. Der Redner muss jeden Ton annehmen können. III, 649 (547)

*23. Juni*

Die Forderung, die gegenwärtige Welt für die beste, und die absolut meine anzunehmen, ist ganz der gleich, meine mir angetraute Frau für die beste und einzige zu halten und ganz für sie, und in ihr zu leben. Es gibt noch sehr viel ähnliche Forderungen und Ansprüche – deren Anerkennung derjenige [sich] zur Pflicht macht – der einen für immer entschiedenen Respekt für alles, was geschehen ist, hat – der historisch religiös ist – der absolute Gläubige und Mystiker der Geschichte überhaupt – der echte Liebhaber des Schicksals. II, 597 (333)

*24. Juni*

Allerdings ist das Gewissen, sagte Sylvester, der eingeborene Mittler jedes Menschen. Es vertritt die Stelle Gottes auf Erden, und ist daher so Vielen das höchste und letzte. Aber wie entfernt war die bisherige Wissenschaft, die man Tugend- oder Sittenlehre nannte, von der reinen Gestalt dieses erhabenen, weitumfassenden persönlichen Gedankens. Das Gewissen ist der Menschen eigenstes Wesen in voller Verklärung, der himmlische Urmensch.

*Heinrich von Ofterdingen*, I, 332

*Johanni*

## 25. *Juni*

Es [das Gewissen] ist nicht dies und jenes, es gebietet nicht in allgemeinen Sprüchen, es besteht nicht aus einzelnen Tugenden. Es gibt nur eine Tugend – den reinen, ernsten Willen, der im Augenblick der Entscheidung unmittelbar sich entschließt und wählt. In lebendiger, eigentümlicher Unteilbarkeit bewohnt es und beseelt es das zärtliche Sinnbild des menschlichen Körpers, und vermag alle geistigen Gliedmaßen in die wahrhafteste Tätigkeit zu versetzen.

*Heinrich von Ofterdingen*, 1, 332

## 26. *Juni*

Wann wird es doch, sagte Heinrich, gar keiner Schrecken, keiner Schmerzen, keiner Not und keines Übels mehr im Weltall bedürfen?

Wenn es nur eine Kraft gibt – die Kraft des Gewissens – wenn die Natur züchtig und sittlich geworden ist. Es gibt nur eine Ursache des Übels – die allgemeine Schwäche, und diese Schwäche ist nichts, als geringe sittliche Empfänglichkeit, und Mangel an Reiz der Freiheit.

*Heinrich von Ofterdingen*, 1, 330

## 27. *Juni*

Macht mir doch die Natur des Gewissens begreiflich.

Wenn ich das könnte, so wäre ich Gott, denn indem man das Gewissen begreift, entsteht es.

*Heinrich von Ofterdingen*, 1, 330

## *28. Juni*

Werter Pilger, versetzte Sylvester, das Gewissen erscheint in jeder ernsten Vollendung, in jeder gebildeten Wahrheit. Jede durch Nachdenken zu einem Weltbild ausgearbeitete Neigung und Fertigkeit wird zu einer Erscheinung, zu einer Verwandlung des Gewissens. Alle Bildung führt zu dem, was man nicht anders, wie Freiheit nennen kann, ohnerachtet damit nicht ein bloßer Begriff, sondern der schaffende Grund alles Daseins bezeichnet werden soll. Diese Freiheit ist Meisterschaft. Der Meister übt freie Gewalt nach Absicht und in bestimmter und überdachter Folge aus. Die Gegenstände seiner Kunst sind sein, und stehen in seinem Belieben und er wird von ihnen nicht gefesselt oder gehemmt. Und gerade diese allumfassende Freiheit, Meisterschaft oder Herrschaft ist das Wesen, der Trieb des Gewissens. *Heinrich von Ofterdingen*, I, 331

## *29. Juni*

Schon das Gewissen beweist unser Verhältnis – Verknüpfung – (die Übergangsmöglichkeit) mit einer anderen Welt – eine innere unabhängige Macht und einen Zustand außer der gemeinen Individualität. Die Vernunft ist nichts anderes. III, 448 (934)

## *30. Juni*

Die Moral sagt schlechthin nichts Bestimmtes – Sie ist das Gewissen – eine bloße Richterin ohne Gesetz. Sie gebietet unmittelbar, aber immer einzeln. Sie ist durchaus Entschlossenheit. Richtige Vorstellung vom Gewissen. Gesetze sind der Moral durchaus entgegen. III, 685 (670)

# *Juli*

## *1. Juli*

Was bildet den Menschen, als seine Lebensgeschichte? Und so bildet den großartigen Menschen nichts, als die Weltgeschichte. III, 586 (214)

## *2. Juli*

Auch ist die Gegenwart gar nicht verständlich, ohne die Vergangenheit, und ohne ein hohes Maß von Bildung – eine Sättigung mit den höchsten Produkten, mit dem gediegensten Geist des Zeitalters und der Vorzeit, und eine Verdauung, woraus der menschlich prophetische Blick entsteht, dessen der Historiker, der tätige, idealistische Bearbeiter der Geschichtsdaten nicht [...] entbehren kann [...].

III, 586 (214)

## *3. Juli*

Überdem haben wir ja mit Zeiten und Perioden zu tun, und ist diesen eine Oszillation, ein Wechsel entgegengesetzter Bewegungen nicht wesentlich? Und ist diesen eine beschränkte Dauer nicht eigentümlich, ein Wachstum und ein Abnehmen nicht ihre Natur? Aber auch eine Auferstehung, eine Verjüngung, in neuer, tüchtiger Gestalt, nicht auch von ihnen mit Gewissheit zu erwarten? Fortschreitende, immer mehr sich vergrößernde Evolutionen sind der Stoff der Geschichte. – Was jetzt nicht die Vollendung erreicht, wird sie bei einem künftigen Versuch erreichen, oder bei einem abermaligen; vergänglich ist nichts was die

Geschichte ergriff, aus unzähligen Verwandlungen geht es in immer reicheren Gestalten erneut wieder hervor.

*Die Christenheit oder Europa*, III, 510

*4. Juli*

An die Geschichte verweise ich euch, forscht in ihrem belehrenden Zusammenhang, nach ähnlichen Zeitpunkten, und lernt den Zauberstab der Analogie gebrauchen.

*Die Christenheit oder Europa*, III, 518

*5. Juli*

Die bloße Geschichte (Bewegung, Bildung) ist musikalisch und plastisch. Die musikalische Geschichte ist die Philosophie. Die plastische Geschichte [ist] die Chronik – die Erzählung – die Erfahrung. Jede Materialien-Masse ist Chronik – jede Beschreibung ist Erzählung. Erst dann, wenn der Philosoph, als Orpheus erscheint, ordnet sich das Ganze in regelmäßige gemeine und höhere gebildete, bedeutende Massen – in echte Wissenschaften zusammen.

III, 335 (461)

*6. Juli*

Jedes Menschen Geschichte soll eine Bibel sein – wird eine Bibel sein. III, 321 (433)

*7. Juli*

Die Zukunftslehre gehört zur Geschichte. III, 320 (425)

*8. Juli*

Jede immer getäuschte und immer erneuerte Erwartung deutet auf ein Kapitel in der Zukunftslehre hin.

III, 296 (314)

*9. Juli*

Alles Göttliche hat eine Geschichte und die Natur, diese einzige Ganze, womit der Mensch sich vergleichen kann, sollte nicht so gut wie der Mensch in einer Geschichte begriffen sein oder welches eins ist, einen Geist haben?

*Die Lehrlinge zu Sais*, I, 99

*10. Juli*

Die Natur wäre nicht die Natur, wenn sie keinen Geist hätte, nicht jenes einzige Gegenbild der Menschheit, nicht die unentbehrliche Antwort dieser geheimnisvollen Frage, oder die Frage zu dieser unendlichen Antwort.

*Die Lehrlinge zu Sais*, I, 99

*11. Juli*

Die Natur ist nichts, als lauter Vergangenheit – ehemalige Freiheit – daher durchaus Boden der Geschichte.

III, 580 (197)

*12. Juli*

Gewohnheit ist ein entstandener Mechanismus – eine zur Natur gewordene Kunst. Naturgesetze sind Gewohnheits-Gesetze. Gewohnheits-Entstehung – Naturentstehung. Die Natur ist eine Gewohnheit – und also aus Kunst – und durch Wiederholung entstanden. III, 292 (294)

*13. Juli*

Die Naturlehre muss nicht mehr kapitelweise – fachweise behandelt werden – sie muss (ein Kontinuum) eine Geschichte – ein organisches Gewächs – ein Baum werden – oder ein Tier – oder ein Mensch. III, 574 (140)

*14. Juli*

Ich weiß nicht, warum man immer von einer abgesonderten Menschheit spricht. Gehören Tiere, Pflanzen und Steine, Gestirne und Lüfte nicht auch zur Menschheit, und ist sie nicht ein bloßer Nervenknoten, in dem unendlich verschiedenlaufende Fäden sich kreuzen. Lässt sie sich ohne die Natur begreifen –? III, 490 (51)

*15. Juli*

Es ist sehr wahrscheinlich, dass in der Natur auch eine wunderbare Zahlenmystik stattfinde. Auch in der Geschichte – Ist nicht alles voll Bedeutung, Symmetrie, Anspielung und seltsamem Zusammenhang? III, 665 (603)

*16. Juli*

Ehemals war alles Geistererscheinung. Jetzt sehen wir nichts, als tote Wiederholung, die wir nicht verstehen. Die Bedeutung der Hieroglyphe fehlt. Wir leben noch von der Frucht besserer Zeiten. II, 545 (104)

*17. Juli*

Die Welt muss romantisiert werden. So findet man den ursprünglichen Sinn wieder. Romantisieren ist nichts, als eine qualitative Potenzierung. Das niedere Selbst wird mit einem besseren Selbst in dieser Operation identifiziert. [...] Diese Operation ist noch ganz unbekannt. Indem ich dem Gemeinen einen hohen Sinn, dem Gewöhnlichen ein geheimnisvolles Ansehen, dem Bekannten die Würde des Unbekannten, dem Endlichen einen unendlichen Schein gebe, so romantisiere ich es. Umgekehrt ist die Operation für das Höhere, Unbekannte, Mystische, Unendliche – dies wird durch diese Verknüpfung logarhythmisiert [herabgestimmt] – es bekommt einen geläufigen Ausdruck. [...] Wechselerhöhung und -erniedrigung. II, 545 (105)

*18. Juli*

Der Mensch hat immer symbolische Philosophie seines Wesens in seinen Werken und seinem Tun und Lassen ausgedrückt – er verkündigt sich und sein Evangelium der Natur. Er ist der Messias der Natur. III, 248 (52)

## *19. Juli*

Die Natur soll moralisch werden. Wir sind ihre Erzieher – ihre moralischen Tangenten – ihre moralischen Reize.

III, 252 (73)

## *20. Juli*

Die Welt ist ein Universaltropus [Tropus = bildliche Wendung] des Geistes – ein symbolisches Bild desselben.

II, 600 (349)

## *21. Juli*

Alles, was wir erfahren, ist eine Mitteilung. So ist die Welt in der Tat eine Mitteilung – Offenbarung des Geistes. Die Zeit ist nicht mehr, wo der Geist Gottes verständlich war. Der Sinn der Welt ist verlorengegangen. Wir sind beim Buchstaben stehengeblieben. Wir haben das Erscheinende über der Erscheinung verloren. II, 594 (316)

## *22. Juli*

In meiner Philosophie des täglichen Lebens bin ich auf die Idee einer moralischen [geistig-seelischen] [...] Astronomie gekommen und habe die interessante Entdeckung der Religion des sichtbaren Weltalls gemacht. Du glaubst nicht, wie weit das greift. [...]Was denkst Du, ob das nicht der rechte Weg ist, die Physik im allgemeinsten Sinn, schlechterdings symbolisch zu behandeln? Auf diesem Weg denk ich tiefer, als je, einzudringen und aller Campanen und Öfen entübrigt zu sein.

*Brief an Friedrich Schlegel vom 20. Juli 1798*, IV, 255

## *23. Juli*

Licht ist Symbol der echten Besonnenheit. Also ist Licht der Analogie [Entsprechung zwischen Mensch und Welt] nach – Aktion – der Selbstrührung der Materie. Der Tag ist also das Bewusstsein des Wandelsterns, und während die Sonne, wie ein Gott, in ewiger Selbsttätigkeit die Mitte beseelt, tut ein Planet nach dem anderen auf längere oder kürzere Zeit das eine Auge zu und erquickt in kühlem Schlaf sich zu neuem Leben und Anschauen. Also auch hier Religion – denn ist das Leben der Planeten etwas anderes, als Sonnendienst? II, 619 (432)

## *24. Juli*

Was ist also die Sonne? Ein nur durch sich erregbarer – mithin immer selbsttätiger, ewigleuchtender Körper. Und ein Planet? Ein relativ erregbarer, für fremde Anregung gestimmter Körper. II, 619 (434)

## *25. Juli*

Licht ist Vehikel der Gemeinschaft – des Weltalls – ist dies echte Besonnenheit in der geistigen Sphäre nicht ebenfalls? II, 619 (435)

## *26. Juli*

Wie wir, schweben die Sterne in abwechselnder Erleuchtung und Verdunkelung – aber uns ist, wie ihnen, im Zustand der Verfinsterung doch ein tröstender, hoffnungsvoller Schimmer leuchtender und erleuchteter Mitsterne gegönnt. II, 619 (436)

## *27. Juli*

Welcher Lebendige, Sinnbegabte, liebt nicht vor allen Wundererscheinungen des verbreiteten Raums um ihn, das allerfreuliche Licht – mit seinen Farben, seinen Strahlen und Wogen; seiner milden Allgegenwart, als weckender Tag. Wie des Lebens innerste Seele atmet es der rastlosen Gestirne Riesenwelt, und schwimmt tanzend in seiner blauen Flut – atmet es der funkelnde, ewigruhende Stein, die sinnige, saugende Pflanze, und das wilde, brennende, vielgestaltige Tier – vor allen aber der herrliche Fremdling mit den sinnvollen Augen, dem schwebenden Gange, und den zartgeschlossenen, tonreichen Lippen.

*Hymnen an die Nacht*, I, 131

## *28. Juli*

Die Worte des Alten hatten eine versteckte Tapetentür in ihm [Heinrich] geöffnet. Er sah sein kleines Wohnzimmer dicht an einem erhabenen Münster gebaut, aus dessen steinernem Boden die ernste Vorwelt emporstieg, während von der Kuppel die klare fröhliche Zukunft in goldnen

Engelskindern ihr singend entgegenschwebte. Gewaltige Klänge bebten in den silbernen Gesang, und zu den weiten Toren traten alle Kreaturen herein, von denen jede ihre innere Natur in einer einfachen Bitte und in einer eigentümlichen Mundart vernehmlich aussprach.

*Heinrich von Ofterdingen*, I, 252

*29. Juli*

Die Natur ist eine Kirche unendlicher Naturen.

III, 600 (291)

*30. Juli*

Die Natur ist eine versteinerte Zauberstadt. III, 564 (65)

*31. Juli*

Wir sind auf einer Mission. Zur Bildung der Erde sind wir berufen. *Blütenstaub*, II, 427 (32)

# *August*

*1. August*

Wie er [Heinrich] hineintrat, ward er einen mächtigen Strahl gewahr, der wie aus einem Springquell bis an die Decke des Gewölbes stieg, und oben in unzählige Funken zerstäubte, die sich unten in einem großen Becken sammelten; der Strahl glänzte wie entzündetes Gold; nicht das mindeste Geräusch war zu hören, eine heilige Stille umgab das herrliche Schauspiel. Er näherte sich dem Becken, das mit unendlichen Farben wogte und zitterte. Die Wände der Höhle waren mit dieser Flüssigkeit überzogen, die nicht heiß, sondern kühl war, und an den Wänden nur ein mattes bläuliches Licht von sich warf. Er tauchte seine Hand in das Becken und benetzte seine Lippen. Es war, als durchdränge ihn ein geistiger Hauch, und er fühlte sich innigst gestärkt und erfrischt.

*Heinrich von Ofterdingen*, I, 196

*2. August*

Inniges Wohlsein des Wassers. – Wollust der Wasserberührung. III, 574 (139)

*3. August*

Das Wasser, dieses erstgeborene Kind luftiger Verschmelzungen, kann seinen wollüstigen Ursprung nicht verleugnen und zeigt sich, als Element der Liebe und der Mischung mit himmlischer Allgewalt auf Erden. Nicht unwahr haben alte Weise im Wasser den Ursprung der Dinge gesucht, und wahrlich sie haben von einem höheren Wasser, als dem Meer- und Quellwasser gesprochen. In jenem offenbart sich nur das Urflüssige, wie es im flüssigen Metall zum Vorschein kommt, und darum mögen die Menschen es immer auch nur göttlich verehren. Wie wenige haben sich noch in die Geheimnisse des Flüssigen vertieft und manchem ist diese Ahnung des höchsten Genusses und Lebens wohl nie in der trunkenen Seele aufgegangen.

*Die Lehrlinge zu Sais*, I, 104

### *4. August*

Überall scheint die Natur ganz gegenwärtig. In der Flamme eines Lichtes sind alle Naturkräfte tätig, und so repräsentiert und verwandelt sie sich überall und unaufhörlich, treibt Blätter, Blüten und Früchte zusammen, und ist mitten in der Zeit gegenwärtig, vergangen und zukünftig zugleich. *Die Lehrlinge zu Sais*, I, 102

### *5. August*

Der Baum kann mir zur blühenden Flamme – der Mensch zur sprechenden – das Tier zur wandelnden Flamme werden. II, 651 (486)

### *6. August*

Toleranz und Kosmopolitismus der Blumen. Streben nach individueller Alleinherrschaft der Tiere. III, 576 (154)

*7. August*

Die Sieste des Geisterreiches ist die Blumenwelt.

II, 564 (194)

*8. August*

Die Bäume scheinen unter allen Pflanzen die edelsten, weil ihre unzähligen Individuen so sehr mittelbar nur noch an der Erde hängen und gleichsam schon Pflanzen auf Pflanzen sind. III, 663 (602)

*9. August*

Die Blüten sind Allegorien des Bewusstseins, oder des Kopfes. Eine höhere Fortpflanzung ist der Zweck dieser höheren Blüte – eine höhere Erhaltung. Bei den Menschen ist es das Organ der Unsterblichkeit – einer progressiven Fortpflanzung – der Personalität. III, 663 (602)

*10. August*

Sollten die Weltkörper Versteinerungen sein? Vielleicht von Engeln. III, 597 (261)

*11. August*

Die Natur will nicht der ausschließliche Besitz eines Einzigen sein. Als Eigentum verwandelt sie sich in ein böses Gift, was die Ruhe verscheucht, und die verderbliche Lust, alles in diesen Kreis des Besitzers zu ziehen, mit einem Gefolge von unendlichen Sorgen und wilden Leidenschaften herbeilockt. So untergräbt sie heimlich den Grund des Eigentümers, und begräbt ihn bald in den heimlichen Abgrund, um aus Hand in Hand zu gehen, und so ihre Neigung, Allen anzugehören, allmählich zu befriedigen.

*Heinrich von Ofterdingen*, 1, 245

### *12. August*

Mag es sein, dass die Natur nicht mehr so fruchtbar ist, dass heut zu Tage keine Metalle und Edelsteine, keine Felsen und Berge mehr entstehen, dass Pflanzen und Tiere nicht mehr zu so erstaunlichen Größen und Kräften aufquellen; je mehr sich ihre erzeugende Kraft erschöpft hat, desto mehr haben ihre bildenden, veredelnden und geselligen Kräfte zugenommen, ihr Gemüt ist empfänglicher und zarter, ihre Phantasie mannigfaltiger und sinnbildlicher, ihre Hand leichter und kunstreicher geworden. Sie nähert sich dem Menschen, und wenn sie ehemals ein wildgebärender Fels war, so ist sie jetzt eine stille, treibende Pflanze, eine stumme menschliche Künstlerin.

*Heinrich von Ofterdingen*, 1, 262

### *13. August*

O! dass der Mensch, sagten sie [die Naturen], die innere Musik der Natur verstände, und einen Sinn für äußere Harmonie hätte. Aber er weißß ja kaum, dass wir zusammengehören, und keines ohne das andere bestehen kann.

Er kann nichts liegen lassen, tyrannisch trennt er uns und greift in lauter Dissonanzen herum. Wie glücklich könnte er sein, wenn er mit uns freundlich umginge, und auch in unseren großen Bund träte, wie ehemals in der goldenen Zeit, wie er sie mit Recht nennt. In jener Zeit verstand er uns, wie wir ihn verstanden. Seine Begierde, Gott zu werden, hat ihn von uns getrennt, er sucht, was wir nicht wissen und ahnen können, und seitdem ist er keine begleitende Stimme, keine Mitbewegung mehr.

*Die Lehrlinge zu Sais*, I, 95

## *14. August*

[...] wer eine innige Sehnsucht nach der Natur spürt, wer in ihr alles sucht, und gleichsam ein empfindliches Werkzeug ihres geheimen Tuns ist, der wird nur den für seinen Lehrer und für den Vertrauten der Natur erkennen, der mit Andacht und Glauben von ihr spricht, dessen Reden die wunderbare, unnachahmliche Eindringlichkeit und Unzertrennlichkeit haben, durch die sich wahre Evangelien, wahre Eingebungen ankündigen.

*Die Lehrlinge zu Sais*, I, 107

## *15. August*

Die Idee vom Mikrokosmos ist die höchste für den Menschen. II, 594 (314)

*16. August*

Zur Welt suchen wir den Entwurf – dieser Entwurf sind wir selbst. Was sind wir? Personifizierte allmächtige Punkte. Die Ausführung, als Bild des Entwurfes, muss ihm aber auch in der Freitätigkeit und Selbstbeziehung gleich sein – und umgekehrt. Das Leben oder das Wesen des Geistes besteht also in Zeugung, Gebärung und Erziehung seines Gleichen. II, 541 (74)

*17. August*

Was ist die Natur? Ein enzyklopädischer, systematischer Index oder Plan unseres Geistes. Warum wollen wir uns mit dem bloßen Verzeichnis unserer Schätze begnügen – lasst sie uns selbst besehen – und sie mannigfaltig bearbeiten und benutzen. II, 583 (248)

*18. August*

Unser Körper ist ein Teil der Welt – Glied ist besser gesagt: Es drückt schon die Selbständigkeit, die Analogie mit dem Ganzen – kurz den Begriff des Mikrokosmos aus. Diesem Gliede muss das Ganze entsprechen. So viel Sinne, so viel Modi [Seinsarten] des Universums – das Universum völlig ein Analogon des menschlichen Wesens in Leib, Seele und Geist. Dieses Abreviatur, jenes Elongatur [Verlängerung] derselben Substanz. II, 650 (485)

*19. August*

Der Körper entsteht durch ein plastizierendes Idol – ein bildendes Schema – einen mystischen, selbsttätigen Typus.

III, 465 (1066)

*20. August*

Der Mensch hat gleichsam gewisse Zonen des Körpers. Sein Leib ist die nächste – was ihn zunächst umgibt – die zweite, seine Stadt und Provinz die dritte – so geht es fort bis zur Sonne und ihrem System. Die innigste Zone ist gleichsam das Ich – und diesem steht, als der höchsten Abstraktion, Kontraktion – die höchste Reflexion, Expansion – die Welt entgegen. So der Punkt dem atmosphärischen Raum. III, 370 (593)

*21. August*

Es gibt nur einen Tempel in der Welt, und das ist der menschliche Körper. Nichts ist heiliger, als diese hohe Gestalt. Das Bücken vor Menschen ist eine Huldigung dieser Offenbarung im Fleisch. III, 565 (75)

*22. August*

Religiosität der Physiognomik. Heilige, unerschöpfliche Hieroglyphe jeder Menschengestalt. Schwierigkeit Menschen wahrhaft zu sehen. Relativität und Falschheit der Begriffe von schönen und hässlichen Menschen. Recht hässliche Menschen können unendlich schön sein. Öftere

Beobachtung der Mienen. Einzelne Offenbarungsmomente dieser Hieroglyphe. III, 566 (80)

*23. August*

Die Einteilung in Körper, Seele und Geist ist universell – auch die Wärme hat ihren Geist und ihre Seele etc.

III, 58

*24. August*

Die Synthese von Leib und Seele heißt Person – die Person verhält sich zum Geist, wieder, wie der Körper zur Seele. Sie zerfällt auch einst und geht in veredelter Gestalt wieder hervor. III, 457 (1003)

*25. August*

Körper, Seele und Geist sind die Elemente der Welt – wie Epos, Lyra und Drama die des Gedichts. II, 592 (294)

*26. August*

Eine vollkommene Konstitution – Bestimmung des Staatskörpers, der Staatsseele, des Staatsgeistes macht alle ausdrücklichen Gesetze überflüssig. Sind die Glieder genau bestimmt, so verstehen sich die Gesetze von selbst. So lange die Glieder noch nicht vollkommene Glieder sind – noch nicht genau bestimmt, so muss es Gesetze geben. Mit wahrer Kultur im Allgemeinen vermindert sich die

Zahl der Gesetze. Gesetze sind das Komplement [Ergänzung] mangelhafter Naturen und Wesen, daher synthetisch. Wenn wir das Wesen eines Geistes näher bestimmen werden, so haben wir auch keine geistigen Gesetze mehr nötig. III, 284 (250)

### *27. August*

Über das Moralgesetz. Mit vollständiger Selbsterkenntnis – und Welterkenntnis –, vollständiger Selbst- und Weltbestimmung verschwindet das Moralgesetz und die Beschreibung des moralischen Wesens steht an der Stelle des Moralgesetzes. III, 285 (250)

### *28. August*

In manchen älteren Schriften klopft ein geheimnisvoller Pulsschlag und bezeichnet die Berührungsstelle mit der unsichtbaren Welt – ein Lebendigwerden. Goethe soll der Liturg dieser Physik [Naturbetrachtung] werden – er versteht vollkommen den Dienst im Tempel. III, 469 (1096)

*1749 * Johann Wolfgang Goethe, Dichter, Naturforscher und «praktischer Philosoph» (Novalis)*

### *29. August*

Wie der Physiker Goethe sich zu den anderen Physikern verhält, so der Dichter zu den übrigen Dichtern. An Umfang, Mannigfaltigkeit und Tiefsinn wird er hie und da übertroffen, aber an Bildungskunst, wer dürfte sich ihm gleichstellen? Bei ihm ist alles Tat – wie bei anderen alles Tendenz nur ist. [...] Der Philosoph der Schule würde dies vielleicht aktiven Empirismus nennen. II, 640 (445)

### *30. August*

Der vollkommenste Charakter würde der durchsichtige – der von selbst verständliche – der unendlich leicht und natürlich scheinende, durchaus bekannte, deshalb unbemerkte, übersehene und elastische sein. II, 601 (352)

### *31. August*

Der vollendete Mensch muss gleichsam zugleich an mehreren Orten und in mehreren Menschen leben – ihm müssen beständig ein weiter Kreis und mannigfache Begebenheiten gegenwärtig sein. Hier bildet sich dann die wahre, großartige Gegenwart des Geistes, die den Menschen zum eigentlichen Weltbürger macht und ihn in jedem Augenblicke seines Lebens durch die wohltätigsten Assoziationen reizt, stärkt und in die helle Stimmung einer besonnenen Tätigkeit versetzt. III, 560 (34)

*September*

*1. September*

Über die Menschheit. Ihre reine, vollständige Ausbildung muss erst zur Kunst des Individuums werden – und von da erst in die großen Völkermassen und dann in die Gattung übergehen. Inwiefern ist sie ein Individuum? II, 296 (667)

*2. September*

Die Menschheit ist gleichsam der höhere Sinn unseres Planten – das Auge, was er gen Himmel hebt – der Nerv, der dieses Glied mit der oberen Welt verknüpft.

II, 562 (186)

*3. September*

Die individuelle Seele soll mit der Weltseele übereinstimmend werden. Herrschaft der Weltseele und Mitherrschaft der individuellen Seele. II, 643 (453)

*4. September*

Die Ideen erheben zu sich – sie lassen sich nicht herab: Prinzip der Vervollkommnung in der Menschheit. Die Menschheit wäre nicht Menschheit, wenn nicht ein tausendjähriges Reich [im Sinne der Prophezeihung der *Apokalypse des Johannes*, 20,5] kommen müsste. Das Prinzip ist in jeder Kleinigkeit des Alltagslebens, in allem sichtbar. Das Wahre erhält sich immer. Das Gute dringt durch. Der Mensch kommt wieder empor. Die Kunst bildet sich, die

Wissenschaft entsteht und nur das Zufällige, das Individuelle verschwindet. II, 291 (651)

*5. September*

Jeder Mensch kann seinen jüngsten Tag durch Sittlichkeit herbeirufen. Unter uns währt das tausendjährige Reich beständig. Die Besten unter uns, die schon bei ihren Lebzeiten zu der Geisterwelt gelangten, sterben nur scheinbar – sie lassen sich nur scheinbar sterben. III, 62

*6. September*

O! dass der Geist der Geister euch erfüllte, und ihr abließet von diesem törichten Bestreben, die Geschichte und die Menschheit zu modeln und eure Richtung ihr zu geben. Ist sie nicht selbständig, nicht eigenmächtig, so gut wie unendlich liebenswert und weissagend? Sie zu studieren, ihr nachzugehen, von ihr zu lernen, mit ihr gleichen Schritt zu halten, gläubig ihren Verheißungen und Winken zu folgen – daran denkt keiner. *Die Christenheit oder Europa*, III, 518

*7. September*

Fast immer hat man den Anführer, den ersten Beamten des Staates, mit dem Repräsentanten des Genius der Menschheit vermengt, der zur Einheit der Gesellschaft oder des Volkes gehört. Im Staat ist alles Schauhandlung, das Leben des Volkes ist Schauspiel; mithin muss auch der Geist des Volkes sichtbar sein. Dieser sichtbare Geist kommt entweder, wie im tausendjährigen Reiche, ohne unser Zutun, oder er wird einstimmig durch ein lautes oder stilles Einverständnis gewählt. *Blütenstaub*, II, 445 (76)

*8. September*

Ein vollkommener Repräsentant des Genius der Menschheit dürfte leicht der echte Priester und der Dichter katexochen [schlechthin] sein. *Blütenstaub*, II, 447 (76)

*9. September*

Wenn die Menschheit die höchste Stufe erreicht hat, so offenbart und schließt sich das Höhere von selbst an.

II, 648 (476)

*10. September*

Jetzt regt sich nur hie und da Geist: Wann wird der Geist sich im Ganzen regen? Wann wird die Menschheit in Masse sich selbst zu besinnen anfangen?

*Blütenstaub*, II, 428 (37)

*11. September*

Wir stehen in Verhältnissen mit allen Teilen des Universums, sowie mit Zukunft und mit Vorzeit. Es hängt nur von der Richtung und Dauer unserer Aufmerksamkeit ab, welches Verhältnis wir vorzüglich ausbilden, welches für uns vorzüglich wichtig und wirksam werden soll. Eine echte Methodik dieses Verfahrens dürfte nichts weniger, als jene längst gewünschte Erfindungskunst sein; es dürfte wohl mehr noch als diese sein. Der Mensch verfährt stündlich nach ihren Gesetzen, und die Möglichkeit dieselben durch geniale Selbstbeobachtung zu finden ist unzweifelhaft. *Blütenstaub*, II, 455 (92)

*12. September*

Philosophie des Lebens enthält die Wissenschaft vom unabhängigen, selbstgemachten, in meiner Gewalt stehenden Leben – und gehört zur Lebenskunstlehre – oder dem System der Vorschriften sich ein solches Leben zu bereiten. II, 599 (343)

*13. September*

Das Leben soll kein uns gegebener, sondern ein von uns gemachter Roman sein. II, 563 (187)

*14. September*

Ein Roman ist ein Leben, als Buch. II, 599 (341)

*15. September*

Auch der Zufall ist nicht unergründlich – er hat seine Regelmäßigkeit. III, 414 (752)

*16. September*

Das Leben ist etwas wie Farben, Töne und Kraft. Der Romantiker studiert das Leben, wie der Maler, Musiker und Mechaniker Farbe, Ton und Kraft. Sorgfältiges Studium des Lebens macht den Romantiker, wie sorgfältiges Studium von Farbe, Gestaltung, Ton, und Kraft den Maler, Musiker und Mechaniker. III, 466 (1073)

*17. September*

Alle Zufälle unseres Lebens sind Materialien, aus denen wir machen können, was wir wollen. Wer viel Geist hat, macht viel aus seinem Leben. Jede Bekanntschaft, jeder Vorfall wäre für den durchaus Geistigen erstes Glied einer unendlichen Reihe, Anfang eines unendlichen Romans.

*Blütenstaub*, II, 437 (66)

*18. September*

Mit Instinkt hat der Mensch angefangen – mit Instinkt soll der Mensch endigen. Instinkt ist das Genie im Paradiese – vor der Periode der Selbstabsonderung, Selbsterkenntnis.

III, 301 (340)

*19. September*

Merkwürdige Frage vom Sitz des Paradieses [...]. Eine Kunstkammer soll in Beziehung auf die Naturkräfte etc. das sein, was ein botanischer und englischer Garten (Nachahmung des Paradieses) in Beziehung auf den Erdboden und sein Produkte ist: ein verjüngter, konzentrierter, potenzierter Erdboden. III, 447 (929)

*20. September*

Das Paradies ist gleichsam über die ganze Erde verstreut und daher so unkenntlich […] geworden. Seine zerstreuten Züge sollen vereinigt – sein Skelett soll ausgefüllt werden. Regeneration des Paradieses. III, 447 (929)

*21. September*

In jedem System – Gedankenindividuum […] ist eine Idee, eine Bemerkung oder mehrere vorzüglich gediehen und haben die anderen erstickt – oder sind allein übrig geblieben. Im geistigen Natursystem muss man sie nun überall zusammensuchen – jedem seinen eigentümlichen Boden, Klima und seine besondere Pflege, seine eigentümliche Nachbarschaft geben, um ein Ideen-Paradies zu bilden – dies ist das echte System. III, 446 (929)

*22. September*

Ich freue mich mit dem letzten Lächeln des scheidenden Lebens der Natur und dem milden Sonnenblick des erkaltenden Himmels. Die fruchtbare Reife beginnt in Verwesung überzugehen, und mir ist der Anblick der langsam hinsterbenden Natur beinah reicher und größer als ihr Aufblühen und Lebendigwerden im Frühling. Ich fühle mich mehr zu edlen und erhabenen Empfindungen jetzt gestimmt als im Frühjahr, wo die Seele im untätigen, wollüstigen Empfangen und Genießen schwimmt und anstatt sich in sich selbst zurückzuziehen, von jedem anziehenden Gegenstande angezogen und zerstreut wird. Schon das Losreißen von soviel schönen, lieben Gegenständen macht die Empfindungen zusammengesetzter und interessanter. Daher fühle ich mich auch nie so rein gestimmt und empfänglich für alle Eindrücke der höheren, heiligeren Muse als im Herbst. *Brief an Friedrich Schiller vom 7. Oktober 1791*, IV, 98

*23. September*

Wie viele Menschen stehen an den berauschenden Flüssen und hören nicht das Wiegenlied dieser mütterlichen Gewässer, und genießen nicht das entzückende Spiel ihrer unendlichen Wellen! Wie diese Wellen, lebten wir in der goldenen Zeit; in buntfarbigen Wolken, diesen schwimmenden Meeren und Urquellen des Lebendigen auf Erden, liebten und erzeugten sich die Geschlechter der Menschen in ewigen Spielen, wurden besucht von den Kindern des Himmels und erst in jener großen Begebenheit, welche heilige Sagen die Sündflut nennen, ging diese blühende Welt unter; ein feindliches Wesen schlug die Erde nieder und einige Menschen blieben geschwemmt auf die Klippen der neuen Gebirge in der fremden Welt zurück.

*Die Lehrlinge zu Sais*, I, 104

## *24. September*

Bald lernte die Natur wieder freundlichere Sitten, sie ward sanfter und erquicklicher, und ließ sich willig zur Beförderung der menschlichen Wünsche finden. Allmählich fing ihr Herz wieder an menschlich sich zu regen, ihre Phantasien wurden heiterer, sie ward wieder umgänglich, und antwortete dem freundlichen Frager gern, und so scheint allmählich die alte goldene Zeit zurückzukommen, in der sie den Menschen Freundin, Trösterin, Priesterin und Wundertäterin war, als sie unter ihnen wohnte und ein himmlischer Umgang die Menschen zu Unsterblichen machte. *Die Lehrlinge zu Sais*, 1, 86

## *25. September*

Von selbst geht keinem, der los sich riss und sich zur Insel machte, das Verständnis auf, auch ohne Mühe nicht. Nur Kindern oder kindlichen Menschen, die nicht wissen, was sie tun, kann dies begegnen. Langer, unablässiger Umgang, freie und künstliche Betrachtung, Aufmerksamkeit auf leise Winke und Züge, ein inneres Dichterleben, geübte Sinne, ein einfaches und gottesfürchtiges Gemüt, das sind die wesentlichen Erfordernisse eines echten Naturfreundes [...]. *Die Lehrlinge zu Sais*, 1, 87

## *26. September*

Den Inbegriff dessen, was uns rührt, nennt man die Natur, und also steht die Natur in einer unmittelbaren Beziehung auf die Gliedmaßen unseres Körpers, die wir Sinne nennen. Unbekannte und geheimnisvolle Beziehungen unseres Körpers lassen unbekannte und geheimnisvolle Verhältnisse der Natur vermuten, und so ist die Natur jene wunderbare Gemeinschaft, in die unser Körper uns einführt, und die wir nach dem Maße seiner Einrichtungen und Fähigkeiten kennen lernen. *Die Lehrlinge zu Sais*, I, 97

## 27. *September*

Das Sterbliche dröhnt in seinen Grundfesten, aber das Unsterbliche fängt heller zu leuchten an und erkennt sich selbst. *Heinrich von Ofterdingen*, I, 330

## 28. *September*

Man sollte alle Sachen, wie man sein Ich ansieht, betrachten – als eigene Tätigkeit. Mit dem Ich geht es nur am leichtesten – das ist der Anfang, das Prinzip dieses Gebrauches. II, 582 (246)

## 29. *September*

Eins nur ist, was der Mensch zu allen Zeiten gesucht hat;
Überall, bald auf den Höhn, bald in dem Tiefsten der Welt –
Unter verschiedenen Namen – umsonst – es versteckte sich immer,
Immer empfand er es nah – dennoch erfasst er es nie.
Längst schon fand sich ein Mann, der den Kindern in freundlichen Mythen

Weg und Schlüssel verriet zu des Verborgenen Schloss.
Wenige deuteten sich die leichte Chiffre der Lösung,
Aber die wenigen auch waren nun Meister des Ziels.
Lange Zeiten verflossen – der Irrtum schärfte den Sinn uns –
Dass uns der Mythus selbst nicht mehr die Wahrheit verbarg.
Glücklich, wer weise geworden und nicht die Welt mehr durchgrübelt,
Wer von sich selber den Stein der Weisheit begehrt.
Nur der vernünftige Mensch ist der echte Adept – er verwandelt
Alles in Leben und Gold – braucht Elixiere nicht mehr.
In ihm dampfet der heilige Kolben – der König ist in ihm –
Delphos auch, und er fasst endlich das: Kenne dich Selbst.

I, 403

*Michaeli*

*30. September*

Es liegt nur an der Schwäche unserer Organe, dass wir uns nicht in einer Feenwelt erblicken. II, 562 (182)

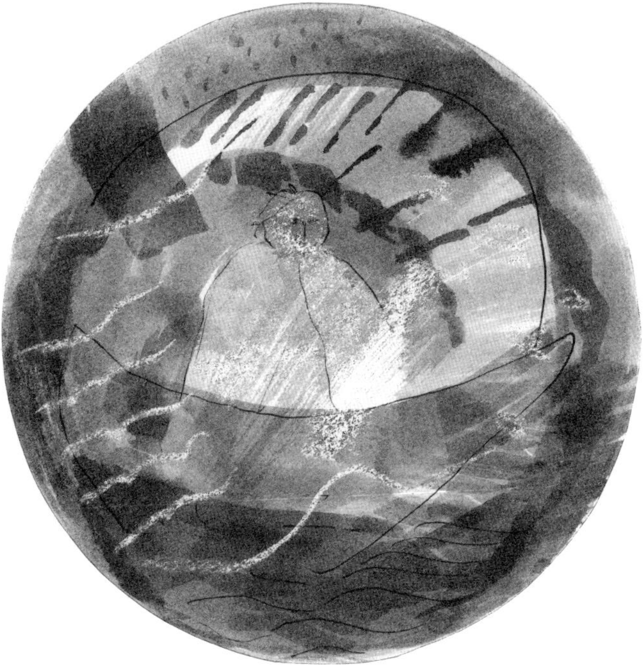

# *Oktober*

*1. Oktober*

Man muss sich nie gestehen, dass man sich selbst liebt. Das Geheimnis dieses Geständnisses ist das Lebensprinzip der allein wahren und ewigen Liebe. Der erste Kuss in diesem Verständnisse ist das Prinzip der Philosophie – der Ursprung einer neuen Welt – der Anfang der absoluten Zeitrechnung – die Vollziehung eines unendlich wachsenden Selbstbundes. II, 541 (74)

*2. Oktober*

Auch unsere Gedanken sind wirksame Faktoren des Universums. III, 665 (603)

*3. Oktober*

Wer sich selbst fehlt, kann nur dadurch geheilt werden, dass man ihm sich Selbst verschreibt. 3. *Dialog*, II, 666 (3)

*4. Oktober*

Im eigentlichsten Sinn ist Philosophieren ein Liebkosen – eine Bezeugung der innigsten Liebe zum Nachdenken, der absoluten Lust an der Weisheit. II, 524 (12)

*5. Oktober*

Philosophieren ist eine Selbstbesprechung [...], eine eigentliche Selbstoffenbarung – Erregung des wirklichen Ich durch das idealische Ich. Philosophieren ist der Grund aller anderen Offenbarungen. Der Entschluss zu philosophieren ist eine Aufforderung an das wirkliche Ich, dass es sich besinnen, erwachen und Geist sein solle. II, 529 (22)

### *6. Oktober*

Eine Idee verliert außerordentlich, wenn ich ihr den Stempel meiner Erfindung aufdrücke und sie zu einer Patentidee mache. III, 414 (751)

### *7. Oktober*

Wo echter Hang zum Nachdenken, nicht bloß zum Denken dieses oder jenes Gedankens, herrschend ist, da ist auch Progressivität. Sehr viele Gelehrte besitzen diesen Hang nicht. Sie haben schließen und folgern gelernt wie ein Schuster das Schuhmachen, ohne je auf den Einfall zu geraten oder sich zu bemühen, den Grund der Gedanken zu finden. Dennoch liegt das Heil auf keinem anderen Wege.
*Blütenstaub*, II, 431 (47)

### *8. Oktober*

Aufmerksamkeit ist eine zentrierende Kraft. Mit der gegebenen Richtung beginnt das wirksame Verhältnis zwischen dem Gerichteten und dem Objekt der Richtung. Halten wir diese Richtung fest, so gelangen wir apodiktisch [unumstößlich] sicher zu dem gesteckten Ziel. II, 522 (3)

*9. Oktober*

Wie wenig Menschen haben sich nur zu einer mannigfaltigen, schweigend totalen Aufmerksamkeit auf alles, was um und in ihnen in jedem Augenblicke vorgeht, erzogen.

II, 541 (78)

*10. Oktober*

Wer nicht vorsätzlich, nach Plan und mit Aufmerksamkeit tätig sein kann, verrät Schwäche. Die Seele wird durch die Zersetzung zu schwach. Ohne Aufmerksamkeit auf das, was sie tut, gelingt ihr vieles. Sobald sie sich teilen muss, wird, bei aller Anstrengung, nichts. Hier muss sie sich überhaupt zu stärken suchen. II, 560 (165)

*11. Oktober*

Wenn man anfängt, über Philosophie nachzudenken, so dünkt uns Philosophie, wie Gott und Liebe, alles zu sein. Sie ist eine mystische, höchstwirksame, durchdringende Idee, die uns unaufhaltsam nach allen Richtungen hineintreibt. Der Entschluss zu philosophieren, Philosophie zu suchen, ist der Akt der Manumission [Freilassung] – der Stoß auf uns Selbst zu. II, 523 (7)

*12. Oktober*

Nichts ist dem Geist erreichbarer als das Unendliche.

II, 598 (335)

*13. Oktober*

Das willkürlichste Vorurteil ist, dass dem Menschen das Vermögen außer sich zu sein, mit Bewusstsein jenseits der Sinne zu sein, versagt sei. Der Mensch vermag in jedem Augenblicke ein übersinnliches Wesen zu sein. Ohne dies wäre er nicht Weltbürger, er wäre ein Tier. Freilich ist die Besonnenheit, Sichselbstfindung, in diesem Zustand sehr schwer, da er so unaufhörlich, so notwendig mit dem Wechsel unserer übrigen Zustände verbunden ist.

*Blütenstaub*, II, 421 (22)

*14. Oktober*

Je mehr wir uns aber dieses Zustandes [des geistigen außer sich Seins] bewusst zu sein vermögen, desto lebendiger, mächtiger, genügender ist die Überzeugung, die daraus entsteht; der Glaube an echte Offenbarungen des Geistes. Es ist kein Schauen, Hören, Fühlen; es ist aus allen dreien zusammengesetzt, mehr als alles drei: eine Empfindung unmittelbarer Gewissheit, eine Ansicht meines wahrhaftesten, eigensten Lebens. *Blütenstaub*, II, 421 (22)

*15. Oktober*

Ekstase [Aus-sich-Herausgetretensein] – Inneres Lichtphänomen = intellektualer Anschauung. III, 440 (896)

*16. Oktober*

In der intellektualen Anschauung [als tätiger Selbsterfassung des Ich] ist der Schlüssel des Lebens. II, 561 (173)

*17. Oktober*

Fichte hat den tätigen Gebrauch des Denkorgans gelehrt und entdeckt. Hat Fichte etwa die Gesetze des tätigen Gebrauchs der Organe überhaupt entdeckt? Intellektuale Anschauung ist nichts anderes. II, 583 (247)

*18. Oktober*

Es gibt gewisse Dichtungen [schöpferische Gedanken] in uns, die einen ganz anderen Charakter als die übrigen zu haben scheinen, denn sie sind vom Gefühle der Notwendigkeit begleitet, und doch ist schlechterdings kein äußerer Grund zu ihnen vorhanden. Es dünkt dem Menschen, als sei er in einem Gespräch begriffen, und irgendein unbekanntes, geistiges Wesen veranlasse ihn auf eine wunderbare Weise zur Entwickelung der evidentesten Gedanken. Dieses Wesen muss ein höheres Wesen sein, weil es sich mit ihm auf eine Art in Beziehung setzt, die keinem an Erscheinungen gebundenen Wesen möglich ist. Es muss ein homogenes [geschlossenes] Wesen sein, weil es ihn wie ein geistiges Wesen behandelt und ihn nur zur seltensten Selbsttätigkeit auffordert. Dieses Ich höherer Art verhält sich zum Menschen, wie der Mensch zur Natur oder wie der Weise zum Kinde. Der Mensch sehnt sich ihm gleichzuwerden [...]. II, 528 (21)

*19. Oktober*

Es ließe sich jedoch auch denken, dass wir überhaupt erst uns mannigfach im Denken müssten geübt haben, ehe wir uns an dem inneren Zusammenhang unseres Körpers versuchen und seinen Verstand zum Verständnis der Natur gebrauchen könnten; und da wäre freilich nichts natürlicher, als alle möglichen Bewegungen des Denkens hervorzubringen und eine Fertigkeit in diesem Geschäft [...] zu erwerben [...] und sie mannigfach zu verbinden und zu zerlegen. Zu dem Ende müsste man alle Eindrücke aufmerksam betrachten, das dadurch entstehende Gedankenspiel ebenfalls genau bemerken, und sollten dadurch abermals neue Gedanken entstehen, auch diesen zusehen, um so allmählich ihren Mechanismus zu erfahren und durch eine oftmalige Wiederholung die mit jedem Eindruck beständig verbundenen Bewegungen von den übrigen unterscheiden und behalten zu lernen. *Die Lehrlinge zu Sais*, I, 98

*20. Oktober*

Ein reiner Gedanke, eine reines Bild, eine reine Empfindung sind Gedanken, Bilder und Empfindungen, die nicht durch ein korrespondierendes [entsprechendes] Objekt erweckt [..], sondern außerhalb der so genannten mechanischen Gesetze [...] entstanden sind. Die Phantasie ist eine solche außermechanische Kraft. [...] Philosophie erscheint hier ganz als magischer Idealismus. III, 430 (826)

*21. Oktober*

Empiriker ist: in dem die Denkungsart eine Wirkung der Außenwelt und des Fatums [der schicksalhaften Umstände] ist – der passive Denker, dem seine Philosophie gegeben wird. Voltaire ist reiner Empiriker und so mehrere französische Philosophen. Ligne [ein geistreicher Modephilosoph der damaligen Zeit, mit dem sich Novalis während seiner Kur in Bad Teplitz beschäftigte] neigt unmerklich zu den transzendentalen Empirikern. Diese machen den Übergang zu den Dogmatikern; von da geht es zu den Schwärmern – oder den transzendentalen Dogmatikern –, dann zu Kant, von da zu Fichte – und endlich zum magischen Idealismus. II, 605 (375)

*22. Oktober*

Hypothesen über mehrfache Sinne – über dunkle, über neue Sinne, über ihre mögliche Einrichtung.

III, 473 (1123)

*23. Oktober*

Willkürliche [dem Willen unterworfene] Glieder sind Sinne im strengeren Sinn. Vermehrung der Sinne gehört mit zu der Hauptaufgabe der Verbesserung des Menschengeschlechts, der Graderhöhung der Menschheit.

III, 318 (409)

*24. Oktober*

Über die mystischen Glieder des Menschen, an die nur zu denken, schweigend sie zu bewegen, schon Wollust [im Sinne eines geistigen Lusterlebens] ist. III, 451 (955)

*25. Oktober*

Man suchte durch Philosophie immer etwas werkstellig zu machen. Man suchte ein allvermögendes Organ in der Philosophie. Magischer Idealismus. III, 385 (642)

*26. Oktober*

Die Philosophie kann kein Brot backen, aber sie kann uns Gott, Freiheit und Unsterblichkeit verschaffen. Welches ist nun praktischer: Philosophie oder Ökonomie? (Verschaffen ist Machen; Machen drückt nichts anderes aus.)

III, 315 (401)

*27. Oktober*

Dichtkunst ist wohl nur willkürlicher, tätiger, produktiver Gebrauch unserer Organe, und vielleicht wäre Denken selbst nicht viel etwas anderes – und Denken und Dichten also einerlei. III, 563 (56)

*28. Oktober*

Kunst allmächtig zu werden – Kunst, unseren Willen total zu realisieren. Wir müssen den Körper wie die Seele in unsere Gewalt bekommen. Der Körper ist das Werkzeug zur Bildung und Modifikation der Welt. Wir müssen also unseren Körper zum allfähigen Organ auszubilden suchen. Modifikation unseres Werkzeuges ist Modifikation der Welt. II, 587 (256)

*29. Oktober*

Der Mensch soll ein vollkommenes und totales Selbstwerkzeug sein. III, 297 (321)

*30. Oktober*

Der tätige Gebrauch der Organe ist nichts, als magisches, wundertätiges Denken oder willkürlicher Gebrauch der Körperwelt – denn Willen ist nichts, als magisches, kräftiges Denkvermögen. III, 466 (1075)

*31. Oktober*

Unser ganzer Körper ist schlechterdings fähig, vom Geist in beliebige Bewegung gesetzt zu werden. Die Wirkungen der Furcht, des Schreckens, der Traurigkeit, des Zorns, des Neides, der Scham, der Freude, der Phantasie etc. sind Indikationen [Anzeichen] genug. Überdem hat man genugsam Beispiele von Menschen, die eine willkürliche Herrschaft über einzelne, gewöhnlich der Willkür entzogene Teile des Körpers erlangt haben. II, 583 (247)

*November*

### *1. November*

Märtyrer sind geistliche Helden. Jeder Mensch hat wohl seine Märtyrerjahre. Christus war der große Märtyrer unseres Geschlechtes. Durch ihn ist das Märtyrertum unendlich tiefsinnig und heilig geworden. O! dass ich Märtyrersinn hätte? III, 687 (677)

### *2. November*

Könnten doch die Menschen wissen,
Unsre künftigen Genossen,
Dass bei allen ihren Freuden
Wir geschäftig sind;
Jauchzend würden sie verscheiden,
Gern das bleiche Dasein missen –
O! die Zeit ist bald verflossen,
Kommt Geliebte doch geschwind.

*Das Lied der Toten*, I, 354

### *3. November*

Helft uns nur den Erdgeist binden,
Lernt den Sinn des Todes fassen
Und das Wort des Lebens finden;
Einmal kehrt euch um.
Deine Macht muss bald verschwinden,
Dein erborgtes Licht verblassen,
Werden dich in kurzem binden,
Erdgeist, deine Zeit ist um.

*Das Lied der Toten*, I, 354

*4. November*

Die unendliche Idee unserer Freiheit involviert [bringt mit sich] auch eine unendliche Reihe unserer Erscheinungen in einer Sinnenwelt. Wir werden nicht an die einzige Erscheinung in unserem irdischen Körper auf diesem Planeten gebunden sein. II, 291 (651)

*5. November*

Wenn ein Geist stirbt – wird er Mensch. Wenn der Mensch stirbt, wird er Geist. Freier Tod des Geistes – freier Tod des Menschen. III, 98

*6. November*

Eine Verbindung , dich auch für den Tod geschlossen ist, ist eine Hochzeit, die uns eine Genossin für die Nacht gibt. Im Tode ist die Liebe am süßesten; für den Liebenden ist der Tod eine Brautnacht – ein Geheimnis süßer Mysterien. II, 622 (442)

*7. November*

Der Mensch lebt, wirkt nur in der Idee fort, durch die Erinnerung an sein Dasein. Vorderhand gibt es kein anderes Mittel der Geisterwirkungen auf dieser Welt. Daher ist es Pflicht, an die Verstorbenen zu denken. Es ist der einzige Weg, in Gemeinschaft mit ihnen zu bleiben. Gott selbst ist auf keine andere Weise bei uns wirksam als durch den Glauben. *Blütenstaub*, II, 427 (34)

*8. November*

Der Tod ist eine Selbstbesiegung, die, wie alle Selbstüberwindung, eine neue, leichtere Existenz verschafft.

II, 414 (11)

*9. November*

In sich zurückgehen, bedeutet bei uns, von der Außenwelt abstrahieren. Bei den Geistern heißt analogisch [im Sinne einer umgekehrten Entsprechung] das irdische Leben eine innere Betrachtung, ein in sich Hineingehen, ein immanentes Wirken. So entspringt das irdische Leben aus einer ursprünglichen Reflexion, einem primitiven Hineingehen, Sammeln in sich selbst, das so frei ist, als unsere [gedankliche] Reflexion. Umgekehrt entspringt das geistige Leben in dieser Welt aus einem Durchbrechen jener primitiven Reflexion. Der Geist entfaltet sich wiederum, […] hebt zum Teil jene Reflexion wieder auf, und in diesem Moment sagt er zum ersten Mal Ich. *Blütenstaub*, II, 431 (45)

*10. November*

Wie lebendig wird mir das Andenken an die Stunden, da ich ihn sah, besonders an die, da ich ihn zum erstenmal sah, ihn, das Traumbild der seligsten Stunden meines Knabenalters, da die höhere Macht der Musen und Grazien den ersten, herrlichen, bleibenden Eindruck auf meine junge Seele machte, und ich mit meinem Ideal in der Phantasie vor Schiller trat und mein Ideal weit übertroffen erblickte.

*Brief an K. L. Reinhold vom 5. Oktober 1791*, IV, 94

*1759 * Friedrich Schiller, Vorbild des jungen Novalis*

*11. November*

Das Fatum [das undurchschaute Geschick], das uns drückt, ist die Trägheit unseres Geistes. Durch Erweiterung und Bildung unserer Tätigkeit werden wir uns selbst in das Fatum verwandeln.

Alles scheint auf uns hereinzuströmen, weil wir nicht herausströmen. Wir sind negativ, weil wir wollen; je positiver wir werden, desto negativer wird die Welt um uns her – bis am Ende keine Negation mehr sein wird, sondern wir alles in Allem sind. II, 583 (248)

*12. November*

Gott will Götter. II, 584 (248)

*13. November*

Ja, sind unsere Sinne nichts anderes als Modifikationen des Denkorgans, des absoluten Elementes, so werden wir mit der Herrschaft über dieses Element auch unsere Sinne nach Gefallen modifizieren und dirigieren können.

II, 584 (248)

*14. November*

Was wir Glauben an Versöhnung nennen, ist nichts als Zuversicht einer vollendeten poetischen [schöpferischen] Weisheit in den Schicksalen unseres Lebens. Durch Bemeisterung des Stimmhammers unseres höheren Organs werden wir uns selbst zu unserem poetischen Fatum machen, und unser Leben nach Belieben poetisieren und poetisieren lassen können. II, 569 (207)

*15. November*

Beinahe alles Genie war bisher einseitig, Resultat einer krankhaften Konstitution. Die eine Klasse hatte zu viel äußeren, die andere zu viel inneren Sinn. Selten gelang der Natur ein Gleichgewicht zwischen beiden, eine vollendete genialische Konstitution. Durch Zufälle entstand oft eine vollkommene Proportion, aber nie konnte diese von Dauer sein, weil sie nicht durch den Geist aufgefasst und fixiert ward: Es blieb bei glücklichen Augenblicken. Das erste Genie, das sich selbst durchdrang, fand hier den typischen [urbildlichen] Keim einer unermesslichen Welt; es machte eine Entdeckung, die die merkwürdigste in der Weltgeschichte sein musste, denn es beginnt damit eine ganz neue Epoche der Menschheit […].

*Blütenstaub*, II, 455 (94)

*16. November*

Der Maler hat so einigermaßen schon das Auge, der Musiker das Ohr, der Poet die Einbildungskraft, das Sprachorgan und die Empfindung – oder vielmehr schon mehrere Organe zugleich, deren Wirkungen er vereinigt auf das Sprachorgan oder auf die Hand hinleitet –, der Philosoph das absolute Organ in seiner Gewalt und wirkt durch sie beliebig, stellt durch sie beliebig Geisterwelt dar. Genie ist nichts als Geist in diesem tätigen Gebrauch der Organe.

Bisher haben wir nur einzelnes Genie gehabt; der Geist soll aber total Genie werden. II, 584 (249)

*17. November*

Sittlichkeit und Philosophie sind Künste. Erstere ist die Kunst, unter den Motiven zu Handlungen einer sittlichen Idee, einer Kunstidee a priori [von äußerer Erfahrung unabhängig] gemäß zu wählen und auf diese Art in alle Handlungen einen großen, tiefen Sinn zu legen [...]. Die andere ist die Kunst, auf eine ähnliche Art mit den Gedanken zu verfahren, unter den Gedanken zu wählen – die Kunst, unsere gesamten Vorstellungen nach einer absoluten, künstlerischen Idee zu produzieren und ein Weltsystem a priori aus den Tiefen unseres Geistes heraus zu denken; das Denkorgan aktiv zur Darstellung einer rein intelligiblen [geistig wahrnehmbaren] Welt zu gebrauchen. II, 577 (234)

*18. November*

Die höchste Elementarwissenschaft ist diejenige, die schlechterdings kein bestimmtes Objekt, sondern ein reines N [mathematisch für die Menge der natürlichen Zahlen; hier Symbol für die unbestimmte, unendlich vielseitige Fähigkeit des Denkens] behandelt. So auch mit der Kunst. Das Machen mit den Händen ist auch schon ein spezielles, angewandtes Machen. Das N-Machen mit dem N-Organ ist der Gegenstand dieser allgemeinen Kunstlehre und Kunst. (Vielleicht nichts anderes als echte Philosophie –

als Bildungslehre und Bildungskunst und Erweckungsmittel des Genies überhaupt.) III, 257 (92)

*19. November*

Die höchste Aufgabe der Bildung ist, sich seines transzendentalen Selbst zu bemächtigen, das Ich seines Ichs zugleich zu sein. Um so weniger befremdlich ist der Mangel an vollständigem Sinn und Verstand für Andere. Ohne vollendetes Selbstverständnis wird man nie andere wahrhaft verstehen lernen. *Blütenstaub*, II, 425 (28)

*20. November*

Wir sind gar nicht Ich; wir können und sollen aber Ich werden. Wir sind Keime zum Ichwerden. Wir sollen alles in ein Du – in ein zweites Ich verwandeln. Nur dadurch erheben wir uns selbst zum Großen Ich, das eins und alles zugleich ist. III, 314 (398)

*21. November*

Selbstbewusstsein im größeren Sinn ist eine Aufgabe – ein Ideal. Es wäre der Zustand, worin es keine Zeitfortschreitung gäbe, ein zeitloser, beharrlicher, immer gleicher Zustand. [...] Im echten Selbstbewusstsein wechselten wir bloß, aber ohne weiterzugehen. In ihm sind alle Zustände und Veränderungen unseres empirischen Ich simultan [gleichzeitig]. Wir sind so gut in demselben Momente wie vor zwei Jahren als wie in diesem Augenblicke. Wir sind nicht Ich durch Schlüsse und indirekt, sondern unmittelbar. III, 431 (832)

*22. November*

Nach Innen geht der geheimnisvolle Weg. In uns oder nirgends ist die Ewigkeit mit ihren Welten, die Vergangenheit und Zukunft. Die Außenwelt ist die Schattenwelt, sie wirft ihren Schatten in das Lichtreich. Jetzt scheint es uns freilich innerlich so dunkel, einsam, gestaltlos, aber wie ganz anders wird es uns dünken, wenn diese Verfinsterung vorbei und der Schattenkörper hinweggerückt ist. Wir werden mehr genießen als je, denn unser Geist hat entbehrt. *Blütenstaub*, II, 419 (16)

*23. November*

Selbstentäußerung ist die Quelle aller Erniedrigung, sowie im Gegenteil der Grund aller echten Erhebung. Der erste Schritt wird Blick nach Innen, absondernde Beschauung unseres Selbst. Wer hier stehen bleibt, gerät nur halb. Der zweite Schritt muss wirksamer Blick nach Außen, selbsttätige, gehaltene Beobachtung der Außenwelt sein.

*Blütenstaub*, II, 423 (24)

*24. November*

Verwandlung des Fremden in ein Eigenes, Zueignung ist also das unaufhörliche Geschäft des Geistes. Einst soll kein Reiz und nichts Fremdes mehr sein – der Geist soll sich selbst fremd und reizend sein oder absichtlich machen können. Jetzt ist der Geist aus Instinkt Geist – ein Naturgeist; er soll ein Vernunftgeist, aus Besonnenheit und durch Kunst Geist sein. II, 646 (468)

*25. November*

Die Geisterwelt ist uns in der Tat schon aufgeschlossen. Sie ist immer offenbar. Würden wir plötzlich so elastisch, als es nötig wäre, so sähen wir uns mitten unter ihr. Heilmethode des jetzigen mangelhaften Zustandes. Ehemals durch Fasten und moralische Reinigungen. Jetzt vielleicht durch die stärkende Methode. III, 301 (341)

*26. November*

Geduld ist zweierlei: ruhige Ertragung des Mangels – ruhige Ertragung des Übermaßes. Die echte Geduld zeugt von großer Elastizität. III, 291 (289)

*27. November*

Elastische Art zu denken, zu philosophieren, von den Erscheinungen zu den Prinzipien und umgekehrt hin- und herzugehen – oder besser hierhin und dorthin zu gehen, in doppelten Richtungen unaufhörlich sich zu reiben. III, 58

*28. November*

Sucht nach Originalität ist gelehrter, grober Egoismus. Wer nicht jeden fremden Gedanken wie einen seinigen und einen eigentümlichen [selbsthervorgebrachten] wie einen fremden Gedanken behandelt, ist kein echter Gelehrter.

III, 405 (716)

*29. November*

Höheres Streben nach höherer Originalität. Auch in der gelehrten Welt muss man lieben und wählen, um selbst existieren und sich selbst genießen zu können.

III, 405 (716)

*30. November*

Sollte einfaches Selbstgefühl – Schmerz sein. Aller Anfang ist mühsam oder schmerzhaft. Teleologie [Zielhaftigkeit innerhalb der Entwicklung] des Schmerzes. Die Realität des Schmerzes ist die Realität des gemeinen, rohen Bewusstseins. III, 404 (711)

*Dezember*

## *1. Dezember*

Unwahrheit hat von einem höheren Gesichtspunkte noch eine viel schlimmere Seite als die gewöhnliche. Sie ist der Grund einer falschen Welt – Grund einer unauflöslichen Kette von Verirrungen und Verwicklungen. Unwahrheit ist die Quelle alles Bösen und Üblen. II, 595 (319)

## *2. Dezember*

Auch im Schlimmen gibt es eine Progression. Wenn man sich gehen lässt, so entsteht allmählich ein Ungeheuer in seiner Art. So in Brutalität, in Grausamkeit, Wollust, Frömmelei etc. II, 603 (362)

## *3. Dezember*

Böse Menschen müssen das Böse aus Hass gegen die Bösen tun. Sie halten alles für böse – und dann ist ihr zerstörender Hang sehr natürlich, denn so wie das Gute das Erhaltende, so ist das Böse das Zerstörende. Dies reibt sich am Ende selbst auf und widerspricht sich sogar im Begriff, dahingegen jenes sich selbst bestätigt und in sich selbst besteht und fortdauert. Die Bösen müssen wider ihren und mit ihrem Willen zugleich böse handeln. Sie fühlen, dass jeder Schlag sie selbst trifft, und doch können sie das Schlagen nicht lassen. Bosheit ist nichts als eine Gemütskrankheit, die in der Vernunft ihren Sitz hat – und daher so hartnäckig und nur durch ein Wunder zu heilen ist.

II, 608 (395)

*4. Dezember*

Das Ideal der Sittlichkeit hat keinen gefährlicheren Nebenbuhler als das Ideal der höchsten Stärke, des kräftigsten Lebens [...]. Es ist das Maximum des Barbaren und hat leider in dieser Zeit der verwildernden Kultur gerade unter den größten Schwächlingen sehr viele Anhänger erhalten. Der Mensch wird durch dieses Ideal zum Tiergeiste – eine Vermischung, deren brutaler Witz eben eine brutale Anziehungskraft für Schwächlinge hat. II, 576 (232)

*5. Dezember*

Alles Übel und Böse ist isoliert und isolierend. Es ist das Prinzip der Trennung. III, 390 (653)

*6. Dezember*

Es gibt nichts absolut Böses und kein absolutes Übel. Es ist möglich, dass der Mensch sich allmählich absolut böse macht und so allmählich auch ein absolutes Übel schafft [...]. III, 389 (653)

*7. Dezember*

Bedeutender Zug in vielen Märchen, dass wenn ein Unmögliches möglich wird, zugleich ein andres Unmögliches unerwartet möglich wird; dass wenn der Mensch sich selbst überwindet, er auch die Natur zugleich überwindet [...]. Die Zauberbedingungen, z. B. die Verwandlung des Bären in einen Prinzen in dem Augenblicke, als der Bär geliebt wurde etc. […] Vielleicht geschähe eine ähnliche Verwandlung, wenn der Mensch das Übel in der Welt liebgewänne. In dem Augenblicke, als ein Mensch die Krankheit oder den Schmerz zu lieben anfinge, läge die reizendste Wollust in seinen Armen, die höchste positive Lust durchdränge ihn. III, 389 (653)

*8. Dezember*

Nur durch Meinung, welche ein aus Glauben entsprungenes, schaffendes Wissen ist, entsteht und besteht Übel und Böses. […] Auf einer gewissen höheren Stufe des Bewusstseins existiert jetzt schon kein Übel mehr etc.; und dieses Bewusstsein soll das permanente werden. So soll auch der Philosoph den Standpunkt des gemeinen [gewöhnlichen] Bewusstseins als den Grund alles logischen Übels der Unwahrheit allmählich annihilieren [vernichten], welches eben dadurch geschieht, dass er den höheren Standpunkt zum herrschenden und endlich einzigen zu machen sucht. III, 390 (653)

*9. Dezember*

Ich vernichte das Böse und Übel […] durch Philosophismus: Erhöhung, Richtung des Bösen und Übels auf sich selbst, welches beim Guten und der Lust […] gerade umgekehrt der Fall ist. III, 390 (654)

*10. Dezember*

Die indirekte, von selbst eintretende Folge der vollendeten Philosophie oder des herrschenden Philosophismus – also ihr indirekter Zweck – ist das höchste Gut, wozu auch höchste Schönheit etc. gehört. Im vollendeten Körper oder Organ wird die hohe Gestalt und Bewegung – die schöne Seele der Menschheit von selbst erscheinen. Indirekte Konstruktion und Beschwörung des höchsten Gutes.

III, 391 (656)

*11. Dezember*

Böse und gut sind absolute poetische [schöpferische] Begriffe. Böse ist eine notwendige Illusion, um das Gute zu verstärken und zu entwickeln, wie der Irrtum zum Behuf der Wahrheit. So auch Schmerz, Hässlichkeit, Disharmonie. Diese Illusionen sind nur aus der Magie der Einbildungskraft zu erklären. III, 417 (769)

*12. Dezember*

Poetik des Übels. Fängt nicht überall das Beste mit Krankheit an? Halbe Krankheit ist Übel – ganze Krankheit ist Lust, und zwar höhere. [...] Oder ließe sich das Übel in der Welt vertilgen wie das Böse? Soll etwa die Poesie die Unlust, wie die Moral das Böse vertilgen? III, 389 (653)

*13. Dezember*

Das Ideal einer vollkommenen Gesundheit ist bloß wissenschaftlich interessant. Krankheit gehört zur Individualisierung. III, 681 (637)

*14. Dezember*

Krankheit ist Zwist der Organe. III, 658 (591)

*15. Dezember*

Vergänglichkeit, Gebrechlichkeit ist der Charakter der mit Geist verbundenen Natur. Er zeugt von der Tätigkeit und Universalität, von der erhabenen Personalität des Geistes. III, 658 (591)

*16. Dezember*

Glauben ist hienieden wahrgenommene Wirksamkeit und Sensation [Empfindung] in einer anderen Welt – ein vernommener, transmundaner [jenseitiger] Akt. Der echte Glaube bezieht sich nur auf Dinge einer anderen Welt. Glauben ist Empfindung des Erwachens und Wirkens und Sinnens in einer anderen Welt. III, 420 (779)

*17. Dezember*

Was bei den Philosophen die Vernunft ist, das ist bei den Poeten im engeren Sinn der Glaube. Freier Gebrauch des Glaubens. III, 421 (782)

*18. Dezember*

Der Glauben hat auch Grade. […] Aus Kraft des Glaubens ist die ganze Welt entstanden. Er ist das synthetische Prinzip. […] Im Willen ist der Grund der Schöpfung. Glauben ist Wirkung des Willens auf die Intelligenz. III, 354 (512)

*19. Dezember*

Es ist dogmatisch, wenn ich sage, es gibt keinen Gott […], es gibt kein Ding an sich – ich kann nur kritisch sagen: Jetzt gibt es für mich kein solches Wesen – außer einem Erdichteten. Alle Illusion ist zur Wahrheit so wesentlich, wie der Körper der Seele. […] Glauben ist die Operation des Illudierens, die Basis der Illusion. Alles Wissen in der Entfernung ist Glauben […] Alles Wissen endigt und fängt im Glauben an. Vor- und Rückerweiterung des Wissens ist Hinausschiebung, Erweiterung des Glaubensgebietes.

III, 372 (601)

*20. Dezember*

Der Mensch besteht in der Wahrheit. Gibt er die Wahrheit preis, so gibt er sich selbst preis. Wer die Wahrheit verrät, verrät sich selbst. Es ist hier nicht die Rede von Lügen, sondern vom Handeln gegen Überzeugung.

*Blütenstaub*, II, 429 (39)

*21. Dezember*

Moralität des Glaubens überhaupt. Er beruht auf Annahme der Harmonie. Aller Glauben geht von moralischem Glauben aus. III, 286 (260)

*22. Dezember*

Unsere Meinung, Glaube, Überzeugung von der Schwierigkeit, Leichtigkeit, Erlaubtheit und Nichterlaubtheit, Möglichkeit und Unmöglichkeit, Erfolg und Nichterfolg etc. eines Unternehmens, einer Handlung, bestimmt in der Tat dieselben. Z. B. es ist etwas mühsam und schädlich, wenn ich glaube, dass es so ist. Selbst der Erfolg des Wissens beruht auf der Macht des Glaubens. In allem Wissen ist Glauben. II, 599 (344)

*23. Dezember*

Wunderkraft des Glaubens. Aller Glauben ist wunderbar und wundertätig. Gott ist in dem Augenblicke, als ich ihn glaube. III, 419 (779)

*24. Dezember*

Wer einmal, Mutter, dich erblickt,
Wird vom Verderben nie bestrickt,
Trennung von dir muss ihn betrüben,
Ewig wird er dich brünstig lieben
Und deiner Huld Erinnerung
Bleibt fortan seines Geistes höchster Schwung.

Oft, wenn ich träumte, sah ich dich
So schön, so herzensinniglich,
Der kleine Gott auf deinen Armen
Wollt' des Gespielen sich erbarmen;
Du aber hobst den hehren Blick
Und gingst in tiefe Wolkenpracht zurück.

Darf nur ein Kind dein Antlitz schaun,
Und deinem Beistand fest vertraun,
So löse doch des Alters Binde
Und mache mich zu deinem Kinde:
Die Kindeslieb' und Kindestreu
Wohnt mir von jener goldnen Zeit noch bei.

*XIV. Geistliches Lied*, I, 175

*Weihnachten*

*25. Dezember*

Wir müssen Magier zu werden suchen, um recht moralisch sein zu können. Je moralischer, desto harmonischer mit Gott, desto verbündeter mit Gott. Nur durch den moralischen Sinn wird uns Gott vernehmlich. Der moralische Sinn ist der Sinn für Dasein ohne äußere Affektion [sinnlichen Reiz], der Sinn für Bund, der Sinn für das Höchste, der Sinn für Harmonie, der Sinn für frei gewähltes und erfundenes und dennoch gemeinschaftliches Leben und Sein – der Sinn fürs Ding an sich, der echte Divinationssinn. III, 250 (61)

*26. Dezember*

Mit der richtigen Bildung unseres Willens geht auch die Bildung unseres Könnens und Wissens fort. In dem Augenblick, wo wir vollkommen moralisch sind, werden wir Wunder tun können, d. h. wo wir keine Wunder tun wollen, höchstens moralische (vide [siehe] Christus). Der Wunder höchstes ist eine tugendhafte Handlung – ein Akt der freien Determination [Selbstbestimmung].

III, 418 (775)

*27. Dezember*

Zu dir kehre ich zurück, edler Kepler, dessen hoher Sinn ein vergeistigtes, sittliches Weltall sich erschuf, statt dass in unseren Zeiten es für Weisheit gehalten wird, alles zu ertöten, das Hohe zu erniedrigen, statt das Niedere zu erheben, und selber den Geist des Menschen unter die Gesetze des Mechanismus zu beugen. II, 619 (433)

1571 * *Johannes Kepler, Astronom und Mathematiker*

*28. Dezember*

Die Erhebung ist das vortrefflichste Mittel, was ich kenne, um auf einmal aus fatalen Kollisionen [inneren und äußeren Widersprüchen] zu kommen. So z. B. die allgemeine Erhebung in Adelsstand, die Erhebung aller Menschen zu Genies, die Erhebung aller Phänomene in Wunderstand, der Materie zu Geist, des Menschen zu Gott […].

III, 440 (894)

*29. Dezember*

Alle Überzeugung ist unabhängig von der Naturwahrheit. Sie bezieht sich auf die magische oder die Wunderwahrheit. Von der Naturwahrheit kann man nur überzeugt werden, insofern sie Wunderwahrheit wird. Aller Beweis fußt auf Überzeugung und ist mithin nur ein Notbehelf im Zustand des Mangels an durchgängiger Wunderwahrheit. Alle Naturwahrheiten beruhen demnach ebenfalls auf Wunderwahrheit. II, 556 (133)

*30. Dezember*

Wir werden die Welt verstehen, wenn wir uns selbst verstehen, weil wir und sie integrante [zu einem Ganzen gehörige] Hälften sind. Gotteskinder, göttliche Keime sind wir. Einst werden wir sein, was unser Vater ist. II, 548 (115)

*31. Dezember*

Unfreundlich blies ein kalter Nordwind über die erstarrte Flur, und die erstarrte Wunderheimat verflog in den Äther. Des Himmels Fernen füllten mit leuchtenden Welten sich. Ins tiefere Heiligtum, in des Gemüts höheren Raum zog mit ihren Mächten die Seele der Welt – zu walten dort bis zum Anbruch der tagenden Weltherrlichkeit.

*Hymnen an die Nacht*, I, 145

# Zeittafel

1772 2. Mai: Georg Philipp Friedrich von Hardenberg wird auf dem Familiengut Oberwiederstedt geboren. Der Vater: Heinrich Ulrich Erasmus von Hardenberg (1738 – 1814). Die Mutter: Auguste Bernhardine, geb. von Bölzig (1749-1818).

1780 Beginn der geistigen Entwicklung nach einer lebensgefährlichen Ruhrerkrankung.

1786 Übersiedlung der Familie von Oberwiederstedt nach Weißenfels.

1788-91 Jugendlyrik.

1790/91 Beginn des Studiums in Jena. Begegnung mit Friedrich Schiller.

1792 Januar: Bekanntschaft und baldige Freundschaft mit Friedrich Schlegel.

1794 Juristisches Staatsexamen an der Universität Wittenberg. Dienstantritt bei A. C. Just in Tennstedt. 17. November: Erste Begegnung mit Sophie von Kühn in Grüningen.

1795 Verlobung mit Sophie. Im Herbst Einsatz der philosophischen «Fichte-Studien».

1796 Schwere Erkrankung Sophies; Operationen in Jena.

1797 19. März: Tod Sophie von Kühns (* 1782). 14. April: Tod des Lieblingsbruders Erasmus. April – Juli: *Journal*, in dem Novalis die ureigenste Aufgabe – den «Entschluss» zum «Nachsterben» – reflektiert.

13. Mai: «Schau»-Erlebnis am Grab Sophies.
28. Mai: Zweites Erlebnis. Klarheit über den «eigentlichen Begriff vom Fichtischen Ich.»
November – Dezember: Abfassung der *Vermischten Bemerkungen (Blütenstaub).*

1798 Kennenlernen von Julie von Charpentier in Freiberg, wo Novalis an der Bergakademie sein Studium aufnimmt. Vorlesungen bei A. G. Werner. Aufkeimen der Idee des «magischen Idealismus». Arbeit an den *Lehrlingen zu Sais.* Erscheinen der *Blütenstaub*-Fragmente im *Athenäum.*
Sommer: *Glauben und Liebe* erscheint in den *Jahrbüchern der Preußischen Monarchie. Teplitzer Fragmente*, bei Kuraufenthalt im böhmischen Bad Teplitz. Erstmalige Bezeichnung des eigenen Ansatzes als «magischer Idealismus».
Herbst: Vorarbeiten zum Plan einer Universalwissenschaft, niedergelegt im *Allgemeinen Brouillon.* Verlobung mit Julie von Charpentier.

1799 Fortführung der naturwissenschaftlichen Studien.
Mai: Rückkehr ins elterliche Haus in Weißenfels.
Sommer: Begegnungen mit Ludwig Tieck in Jena und Henrik Steffens in Freiberg. Mit Tieck zu Besuch bei Goethe in Weimar.
Herbst: *Die Christenheit oder Europa* sowie *Geistliche Lieder.* Beides trägt Novalis bei dem Romantikertreffen im November in Jena vor.
Dezember: Ernennung zum Salinenassessor.
Anfang der Arbeit am *Heinrich von Ofterdingen.*

1800 Januar: Handschriftliche Fassung der *Hymnen an die Nacht.* Studium der Schriften Jakob Böhmes.
April: Beendigung des ersten Teils des *Ofterdingen.*

Sommer: Geologische Landesuntersuchung im Auftrag von A. G. Werner. Weiterarbeit am *Ofterdingen.* Die *Hymnen an die Nacht* erscheinen in überarbeiteter Fassung im *Athenäum.*
Herbst: Verschlechterung des Gesundheitszustandes. Letzte Studien- und Tagebuchaufzeichnungen.

1801 Pflege in Dresden durch Julie von Charpentier und den Bruder Karl. Rückkehr des Todkranken nach Weißenfels. Pläne zur Fortsetzung des *Ofterdingen*, zu «herrlichen Gedichten und Liedern».
20./21. März: Besuch des Freundes Hans-Georg von Carlowitz am Krankenbett.
23. März: Ankunft Friedrich Schlegels.
Letzte Gespräche über poetische Vorhaben.
25. März: Tod Friedrich von Hardenbergs um 12.30 in Gegenwart von Friedrich Schlegel und dem Bruder Karl.

# Nachweis der Zitate

Novalis' Fragmente und Gedichte sind nach der historisch-kritischen, seit 1960 erscheinenden Ausgabe wiedergegeben. Die Rechtschreibung wurde behutsam dem modernen Sprachgebrauch angenähert. Wer sich über die originale Schreibweise orientieren bzw. die Äußerungen im Entstehungszusammenhang aufsuchen will, kann dies im Rückgriff auf die kritische Ausgabe tun. Dabei bedeutet

- die römische Ziffer die Bandzahl
- die arabische Ziffer die Seitenzahl
- die eingeklammerte Zahl, falls vorhanden, die Fragmentnummer, also z. B. II, 395 (56).

Stammt das Fragment aus einer der von Novalis selbst veröffentlichten Sammlungen wie dem *Blütenstaub* oder aus einem poetischen Zusammenhang wie dem *Heinrich von Ofterdingen*, wurde dies eigens vermerkt. Auf diese Weise kann der Leser die entsprechenden Stellen auch in anderen Ausgaben nachschlagen und durch die Nummer den genauen Ort ermitteln.

Wer die dreibändige Hanser-Ausgabe besitzt, kann dies anhand der Nummern darüber hinaus für

- die *Fichte-Studien* (II, S. 104-296, Nr. 1-667)
- die *Vorarbeiten zu verschiedenen Fragmentsammlungen* (II, S. 522-651, Nr. 1-487)
- das *Allgemeine Brouillon* (III, S. 242-487, Nr. 1-1151).

# Weiterführende Literatur

*Werkausgaben*

Novalis: *Schriften. Die Werke Friedrich von Hardenbergs*, hrsg. von Paul Kluckhohn, Richard Samuel und Hans-Joachim Mähl. Zweite, nach den Handschriften ergänzte, erweiterte und verbesserte Auflage in fünf Bänden und einem Begleitband, Stuttgart 1960ff. (Kritische Ausgabe)

– Bd. I: *Das dichterische Werk*. Dritte, nach den Handschriften ergänzte, erweiterte und verbesserte Auflage, Stuttgart 1977.

– Bd. II: *Das philosophische Werk I*. Dritte, nach den Handschriften ergänzte, erweiterte und verbesserte Auflage, Stuttgart 1981.

– Bd. III: *Das philosophische Werk* II. Stuttgart 1968.

– Bd. IV: *Tagebücher, Briefwechsel, Zeitgenössische Zeugnisse*, Stuttgart 1975.

– Bd. V: *Materialien und Register*, Stuttgart 1988.

– Bd. VI: *Der dichterische Jugendnachlass* (1788 – 1791) und *Stammbucheintragungen* (1791 –1793); 1. Teilband: *Text*, Stuttgart 1998; 2. Teilband: *Kommentar*, Stuttgart 1999.

Novalis: *Werke, Tagebücher und Briefe Friedrich von Hardenbergs*, hrsg. von Hans-Joachim Mähl und Richard Samuel. Zwei Bde. mit einem Kommentarband, München 1978ff. (Hanser-Ausgabe).

– Bd. 1: *Das dichterische Werk, Tagebücher und Briefe*, München 1978.
– Bd. 2: *Das philosophische Werk*, München 1978.
– Bd. 3: *Kommentar*, von Hans-Jürgen Balmes u.a., München 1987.

Novalis: *Werke*, hrsg. und kommentiert von Gerhard Schulz, 3. Aufl., München 1987.

Die Novalis-Literatur ist inzwischen recht unübersichtlich geworden. Darin äußert sich ein verstärktes Interesse an dieser merkwürdigen, schwer auslotbaren Gestalt. Dennoch gibt es vergleichsweise wenige Arbeiten, die den spirituellen Tiefensinn des Werkes in den Blick nehmen. Einige seien im folgenden genannt und, zur weiterführenden Beschäftigung, knapp charakterisiert.

### *Biographien*

Gerhard Schulz: *Novalis in Selbstzeugnissen und Bilddokumenten*, Hamburg 1969. Als erster Überblick zu Leben und Werk nach wie vor sehr brauchbar.

Sergej O. Prokofieff: *Ewige Individualität. Zur karmischen Novalis-Biographie*, Dornach 1987. Behandelt vom rein geisteswissenschaftlichen Standpunkt und vor dem Hintergrund der gesamten Anthroposophie tiefdringend Forschungsergebnisse Rudolf Steiners zum schicksalsmäßigen Hintergrund der Novalis-Individualität.

Florian Roder: *Novalis. Die Verwandlung des Menschen. Leben und Werk Friedrich von Hardenbergs*, Stuttgart 1992; 2. Auflage Stuttgart 2000. Ausführlichste Darstellung zu Persönlichkeit und Werk, mit zahlreichen Abbildungen und Dokumenten. Versucht den magischen Idealismus als Kerngedanken herauszustellen, aus dem sich das Werk einheitlich begreifen lässt.

*Studien*

Rudolf Steiner: *Das Weihnachtsmysterium. Novalis, der Seher und Christuskünder.* Vier Vorträge, Dornach 1995. Grundlegende geisteswissenschaftliche Darstellungen zu Novalis, die vor allem um dessen intime Christus-Beziehung kreisen.

Florian Roder: *Menschwerdung des Menschen. Der magische Idealismus im Werk des Novalis*, Stuttgart 1997. Mit ausführlichem Literaturverzeichnis. Die Arbeit führt die in der Biografie entwickelte Werkdeutung unter wissenschaftlichem Gesichtspunkt fort. Im Mittelpunkt steht eine bislang unbeachtete Aufzeichnung, die ein neungliedriges «Schema des Idealmenschen» zum Inhalt hat. Sie ermöglicht, den Ansatz der «höheren Wissenschaftslehre» bei Novalis wie auch den inneren Aufbau der Dichtungen grundlegend neu zu erschließen.

Klaus Hartmann: *Die freiheitliche Sprachauffassung des Novalis*, Bonn 1987. Anspruchsvolle Untersuchung, vor allem im Hinblick auf die frühen *Fichte-Studien*, für den an philosophischer Gedankenarbeit Interessierten. Der Autor sucht Bezüge zu Rudolf Steiners Freiheitsphilosophie und insbesondere dem Ansatz Herbert Witzenmanns herzustellen.

Klaus Hartmann: *Eros und Fabel. Das Märchen von Novalis*, Krefeld 1996. Eine Betrachtung zu Novalis' vielschichtigstem Märchen, mit Bezügen zum philosophischen Werk und zum Menschenbild der Anthroposophie.

Hans-Joachim Mähl: *Die Idee des goldenen Zeitalters im Werk des Novalis.* Studien zur Wesensbestimmung der frühromantischen Utopie und zu ihren ideengeschichtlichen Voraussetzungen, Heidelberg 1965; 2., unveränderte Auflage, Tübingen 1994. Grundlagenwerk der Novalis-Forschung. Mähl zeigt, dass der Mythos vom goldenen Zeitalter (und seine Variationen) das gesamte Werk als Leitbild durchzieht; und dass der Romantiker als Zusammenfasser und Erneuerer einer bedeutsamen geistesgeschichtlichen Tradition betrachtet werden muss.

Jurij Striedter: *Die Fragmente des Novalis als «Präfigurationen» seiner Dichtung*, München 1985. Obgleich bereits 1953 als Dissertation abgeschlossen, bis heute inhaltlich und stilistisch eine der besten Darstellungen. Der Autor hat vor allem die subtile Gedanken- und Gestaltungstechnik im Blick, die Novalis' Aphorismenkunst auszeichnet.

Hans Sohni: *Die Medizin der Frühromantik. Novalis' Bedeutung für den Versuch einer Umwertung der «Romantischen Medizin»*, Freiburg 1973. Medizingeschichtliche Arbeit. Der Autor nimmt als einer der wenigen die Idee des magischen Idealismus ernst. Er zeigt, wie Novalis' Krankheitslehre, ohne in direkter Berührung mit den Auffassungen seiner Zeitgenossen zu stehen, eine Synthese auf höherer Stufe gibt, die auch heute noch bedenkenswert ist.

Eckhard Heftrich: *Novalis. Vom Logos der Poesie*, Frankfurt 1969. Interessante Untersuchung, die vor allem den orphischen Charakter im Werk des Romantikers hervorhebt.